18. Postal
Reino Unido
22. Discos hueso
URSS
19. Estereograma
Reino Unido,
Francia,
Estados Unidos
15. Fantasmagoría
Francia, España
23. Walkman
Japón
24. Disco compacto
Japón,
Países
Bajos
9. *Jikji*
Corea
del Sur
5. Papiro de Ani
Egipto
3. Vaso de Caylus
Egipto
6. *Pārameśvaratantra*
India
12. Manuscritos de Tombuctú
Mali

Homo mediaticus

Carlos A. Scolari

# Homo mediaticus

## Una historia de la humanidad: del 'hashtag' neandertal al iPod

Ariel

Primera edición: mayo de 2026


Avda. Diagonal, 662-664, 08034 Barcelona
Editorial Ariel es un sello editorial de Planeta, S. A.
www.ariel.es
www.planetadelibros.com

ISBN: 978-84-344-4064-7
Depósito legal: B. 25.044-2026

Impreso en España

# Índice

# Introducción

## Los fósiles nos cuentan historias

Encontré mi primer fósil cuando tenía doce años. Fue en el valle del río Chubut, en la Patagonia argentina, a 43° de latitud sur. En esa época leía con pasión adolescente los viajes del perito Francisco P. Moreno y otros exploradores de la costa austral. En verano me pasaba los días mirando al suelo. Mi pequeño tesoro patagónico era una abertella, también conocida como dólar de arena: un equinodermo que vivió en el período Mioceno, hace unos veinte millones de años. Sus restos, similares a una pequeña estrella de mar de unos cinco centímetros de diámetro, suelen ser comunes en las costas del sureste de Estados Unidos y Centroamérica, pero también se encuentran en el hemisferio austral. Muchos años más tarde mi padre me regalaría otro fósil: la vieja cámara Kodak Brownie de su abuelo, un inmigrante piamontés que llegó a la Argentina a fines del siglo XIX. Entre un fósil y el otro se fue escribiendo este libro.

Si se puede contar la evolución de la vida sobre la Tierra a través de sus fósiles, ¿por qué no relatar la evolución del *Homo sapiens* a través de sus tecnologías? Y ya puestos a soñar, ¿por qué no contar la historia de la humanidad a partir de sus medios de comunicación? Si algo diferencia al *Homo sapiens* de otras especies es su capacidad de comunicarse mediante sofisticados sistemas de significación que, desde el alba de la humanidad, se expresan a través de todo tipo de artefactos. Estos fósiles mediáticos no solo esconden historias. Son fundamentales para comprender la evolución cultural de nuestra especie. En las próximas páginas repasaremos esa evolución, comenzando por unos simples trazos grabados sobre la roca hace miles de años para terminar con el primer fósil mediático del siglo XXI: el iPod.

## Fósiles

Cuando hablamos de «fósiles mediáticos» nos situamos en el plano de las metáforas. ¿Por qué recurrimos a ellas? No solo para embellecer el lenguaje. Las metáforas nos ayudan a pensar, a poner orden y catalogar experiencias nuevas. Si decimos que el «ecosistema» comunicacional «evoluciona» a través del tiempo, entonces no resulta tan extraño salir a desenterrar «fósiles mediáticos».

Un fósil mediático es un viejo dispositivo o soporte de la comunicación que, si bien ya no se utiliza, fue usado con provecho por nuestros antepasados. Una pintura rupestre de hace decenas de miles de años, un rollo de papiro, un libro copiado en pergamino, un proyector de los hermanos Lumière o la primera radio a transistores son fósiles mediáticos que merecen estar en las vitrinas de un museo o en las páginas de este libro. También incluyo en esta categoría otras piezas colaterales, como la famosa escultura del escriba egipcio que se exhibe en el Museo del Louvre. Estas obras no solo resultan de gran utilidad para reconstruir las viejas formas de comunicación: también conservan historias que están esperando ser contadas.

## Una historia eurocéntrica

Siempre nos han contado la historia de la comunicación siguiendo un hilo escrito que comenzaba en Babilonia, continuaba en Egipto y desembarcaba en la Roma imperial, previo paso por la costa del Mediterráneo oriental y Grecia. Tanto los monjes medievales que durante siglos copiaron libros en sus abadías como los maestros impresores Johannes Gutenberg o Aldo Manuzio vivían en Europa. La fotografía, el telégrafo y el cine también nacieron en el Viejo Continente. La historia de la comunicación es eurocéntrica y a menudo fue impresa en tinta de tonos imperialistas. Este libro abre el juego e incluye piezas provenientes de todos los continentes.

Elegir fósiles mediáticos no es fácil. Muchos quedaron en el camino a la hora de armar el índice del libro. He privilegiado fósiles menos populares, pero tanto o más importantes, desde una perspectiva histórica, arqueológica o mediática, que los más reconocidos e instagrameados. En vez de Altamira, hablaremos de la más joven Cueva de las Manos patagónica, y en vez del famoso escriba egipcio que nos espera sentado en el Louvre, apostamos por la Señora de los Libros Sagrados del Museo Antropológico Nacional de Ciudad de México. Antes que volver a contar la ya erosionada historia de Jean-François Champollion y la piedra de Rosetta, mejor adentrarse en los misterios cuatrilingües del vaso de Caylus, y en vez de enredarnos en los hilos del famoso Tapiz de Bayeux, visitaremos el Tapiz de la Creación de Girona. También he incluido fósiles que se alejan del relato *mainstream*, como las misteriosas escrituras que nos llegan de la isla de Pascua. La historia de la comunicación no avanza como una flecha directa hacia el futuro. Los medios, en su devenir, van tejiendo una trama de interconexiones, hibridaciones y callejones en los cuales vale la pena dejarse perder.

El viaje que propongo por los fósiles mediáticos solo incluye un puñado de obras impresas. Una es un proyecto colectivo que desborda los límites del papel para transformarse en una ambiciosa máquina textual: la *Encyclopédie* de Diderot y D'Alembert. Podemos afirmar sin temor a salir mal parados que las enciclopedias impresas se han extinguido. Esa época en que las familias pagaban a crédito un metro y medio de volúmenes alfabéticos para adornar los estantes superiores de la sala de estar son parte de nuestra prehistoria. Otra pieza impresa que decidí incluir se encuentra en las antípodas del pensamiento racional y moderno de la *Encyclopédie*. Espero que disfruten leyendo el capítulo sobre los romances sangrientos, la *pulp fiction* del siglo XIX.

## Redes

El libro propone en buena parte un recorrido cronológico, pero aquí y allá aparecen piezas que tienden a romper la linealidad de la historia. La evolución de las formas de comunicación, y de las tecnologías en general, se asemeja más a una enmarañada red de conexiones que a una aburrida *timeline* donde un dispositivo suplanta al anterior. Debemos huir de esas visiones simplificadas donde la llegada de una nueva tecnología sustituye a la anterior. ¿Qué pasó con los textos manuscritos después de la llegada de la imprenta? ¿Cómo cambió la radio cuando apareció la televisión? ¿Se utiliza todavía el fax en la era de las comunicaciones digitales? Por más que se organicen desde los más antiguos hasta los más recientes, nunca hay que olvidar que los fósiles mediáticos, como decía Claude Lévi-Strauss de los mitos, se piensan entre sí.

Entre un capítulo y el siguiente he incorporado breves textos que proponen un relato paralelo, conectan puntos (mediáticos, geográficos, históricos) y rellenan los inevitables huecos. Estos textos funcionan como bisagras de conexión que, si se leyeran de corrido, cuentan una breve historia de las andanzas del *Homo sapiens* en los últimos 40.000 años. Respecto al *Homo mediaticus* del título, me tomé el atrevimiento de crear un neologismo latinizante que no existe en los diccionarios. *Homo mediaticus* fue desde el principio, y así quedó. *Alea iacta est.*

Si se puede contar la evolución de la vida sobre la Tierra a través de sus fósiles, también podemos contar la historia de la humanidad siguiendo las huellas de los fósiles mediáticos. Comprender los lentos cambios del pasado es fundamental para dar un sentido a las vertiginosas transformaciones del presente. Al mirar hacia el pasado, muchas ansiedades y temores del presente se resignifican. Espero que estas páginas ayuden a entender de dónde venimos, pero, sobre todo, hacia dónde vamos.

*Vic (Barcelona), 15 de marzo de 2026*

# Amanecer

Hace unos tres millones de años en África pasaron cosas. Los australopitecos, nuestros lejanos ancestros, comenzaron a fabricar simples herramientas de piedra para cortar, golpear o raspar. La transformación recíproca entre homínidos y tecnología ya no se detendría. Medio millón de años después, el *Homo habilis* perfeccionó las técnicas de percusión para obtener lascas afiladas. Más tarde el *Homo erectus* creó bifaces simétricos muy útiles para cortar carne, modelar la madera o excavar. Los neandertales que habitaron Europa hace 200.000 años construyeron herramientas aún más sofisticadas para cazar grandes mamíferos y curtir sus pieles.

Todas estas tecnologías surgieron de una necesidad adaptativa. Combinando arqueología experimental y neurociencia, el paleontólogo Dietrich Stout demostró que aprender y transmitir técnicas de talla ejerció presiones evolutivas sobre el cerebro humano. Fabricar herramientas requiere habilidades motoras y visuales, pero también planificación, control cognitivo e inhibición, funciones asociadas al córtex prefrontal, la misma zona vinculada al lenguaje. Los sapiens hemos coevolucionado con nuestras tecnologías durante cientos de miles de años.

No solo herramientas. Neandertales y sapiens desarrollaron expresiones simbólicas que trascendían la simple supervivencia. Nuestros ancestros dejaron obras de arte rupestre, esculturas y objetos ornamentales. Signos claros de pensamiento abstracto y prácticas rituales. Hoy sabemos que los neandertales enterraban a sus muertos, usaban pigmentos y quizás decoraban sus cuerpos. Estas prácticas revelan creencias, identidades y formas tempranas de religiosidad que todavía hoy nos esforzamos por interpretar. Como esos signos marcados en las paredes de una gruta en los confines de la península ibérica.

# 1

# 'Hashtag' neandertal

Puede parecer extraño que esta historia de la humanidad comience con un fósil mediático no humano. O, al menos, no es cien por cien humano. Me explico. Los neandertales llegaron a la península ibérica hace aproximadamente 200.000 años como parte de un proceso de expansión por todo el continente europeo. Si bien durante mucho tiempo se pensó que eran nuestros antecesores directos, la ciencia confirmó que los neandertales y los sapiens provenimos de dos linajes diferentes que, hace unos 600.000 años, compartieron un mismo antepasado en África. Los caminos de la vida llevaron a neandertales y sapiens por dos ramas separadas de ese árbol evolutivo que tanto excitaba a Charles Darwin y, sobre todo, a sus opositores creacionistas. Mientras que los sapiens evolucionaron en África y migraron en tiempos relativamente recientes al resto del planeta, los neandertales vivieron y se desarrollaron en Eurasia.

## La humanidad antes de los humanos

Si se pudiera tomar una instantánea del mundo hace 45.000 años, nos cuenta Clive Finlayson en *El sueño del neandertal*, encontraríamos «poblaciones dispersas de neandertales viviendo en retazos de bosque abierto y paisajes abruptos a lo largo de los bordes meridionales del continente». Estos grupos estaban en decadencia. Muchos vivían al borde de la extinción. Por entonces, la península ibérica era un territorio muy diferente al actual, donde crecían especies adaptadas al clima frío como pinos, robles y encinas. Las ricas praderas proporcionaban alimento a herbívoros gigantescos, desde mamuts hasta rinocerontes lanudos, bisontes, caballos salvajes y ciervos gigantes. Pero tanta carne pastando necesitaba un contrapeso. Entre los principales depredadores destacaban el oso de las cavernas, el león y el leopardo. Al regular las poblaciones de herbívoros y crear oportunidades de alimentación para las especies carroñeras, estos carnívoros desempeñaban un papel fundamental en el ecosistema.

Además de recolectar plantas, frutas, nueces, raíces y semillas, los neandertales también eran muy buenos cazadores. Los asentamientos en cuevas y abrigos naturales les permitieron resistir los rigores climáticos, mientras que la abundante fauna local les proporcionó recursos y proteínas suficientes para sobrevivir. La península ibérica se convirtió en uno de los últimos refugios para los neandertales a medida que su población iba disminuyendo y los sapiens se expandían por el resto de Europa.

El actual territorio español es un lugar clave para el estudio de la interacción y el reemplazo entre ambas especies. Las investigaciones más recientes sugieren que en el sur de la península los neandertales pudieron haber sobrevivido hasta varios milenios después de desaparecer en otras áreas del continente. Fue ahí donde un neandertal, o quizás varios, dejaron sus huellas en una pared rocosa que en ese momento se encontraba a cinco kilómetros del mar y hoy está a los pies del gran peñón, a pocos metros de la costa.

Se sabe que los neandertales convivieron e incluso intimaron con los *Homo sapiens* entre 40.000 y 50.000 años atrás. La evidencia genética muestra que los humanos modernos de origen no africano poseen entre un 1-2 por ciento de ADN neandertal. Es el fruto que nadie prohibió de esos antiguos episodios de mestizaje. No es para descartar que, si nosotros tenemos algo de neandertal, los creadores de los signos hallados en las paredes de la Cueva de Gorham tuvieran algo de sapiens.

## La Cueva de Gorham

En julio de 2012, el arqueólogo Francisco Pacheco se arrastró por el suelo de la Cueva de Gorham a través de un estrecho pasaje hasta dar con unos extraños grabados en la roca. «Apuntamos la linterna en diferentes direcciones y empezamos a ver el relieve de esta cosa. No era inmediatamente obvio», recuerda Clive Finlayson, hoy director del Museo de Gibraltar. Los dibujos cubren una pequeña superficie cuadrangular de unos 20 centímetros de lado y tienen unos pocos milímetros de profundidad. El 'hashtag' neandertal consiste en 13 líneas cruzadas que forman un patrón similar al símbolo # y fue realizado mediante cortes profundos en la roca con herramientas de piedra. Se descarta la formación natural de estos surcos. El debate es otro.

Este hallazgo sugiere muchas cosas. En primer lugar, que los neandertales poseían cierta capacidad de abstracción o simbolismo, habilidades cognitivas que anteriormente se consideraban exclusivas de los sapiens. Si el grabado fue intencional, entonces se podría inferir que los neandertales tenían una forma rudimentaria de comunicación simbólica o ritual. El significado exacto del grabado es incierto y, al igual que otras expresiones incluso más desarrolladas del arte rupestre, todavía se debate si realmente constituye «arte» en el sentido moderno del término. A pesar de estas incógnitas, el descubrimiento plantea la posibilidad de que los neandertales poseyeran una vida cultural y cognitiva más compleja de lo que se pensaba, desafiando la quimera de una clara y definitiva separación entre sus capacidades intelectuales y las de los *Homo sapiens*. El descubrimiento del ‘hashtag’ de Gibraltar vino a reforzar esa cercanía. En el fondo no somos tan distintos.

## Las tumbas

Las tumbas de los neandertales, mucho más antiguas que los grabados de la Cueva de Gorham, contienen los primeros indicios prehistóricos de comportamientos simbólicos y posiblemente de prácticas rituales. Aunque todavía se discute si estos entierros implicaban la presencia del concepto de espiritualidad o religión, los hallazgos sugieren que los neandertales podrían haber tenido al menos una noción básica de respeto hacia sus muertos. Y como dice el refrán, «quien a Dios teme no temerá a la muerte».

Entre los sitios neandertales más estudiados se encuentra el yacimiento de La Ferrassie (Francia). Ahí se hallaron restos de varios individuos colocados en una posición que lleva a pensar en entierros cuidadosamente preparados. En otra cueva, la de Shanidar (Irak), se descubrió un esqueleto rodeado de restos de polen, lo que algunos investigadores interpretaron como evidencia de una especie de «entierro con flores». Este hallazgo es controvertido. No existe consenso sobre si realmente se trata de un ritual intencional o un fenómeno natural. En otros sitios como Kebara (Israel) se han encontrado restos que también sugieren prácticas de entierro, aunque la falta de objetos funerarios hace difícil interpretar el propósito exacto de este yacimiento. Algunos estudiosos sugieren que estos actos, más que una creencia en la vida después de la muerte, podrían reflejar simplemente la intención de proteger los cuerpos de los depredadores. A pesar de estas interpretaciones tan variadas, las tumbas neandertales demuestran una preocupación por los muertos y posiblemente una forma rudimentaria de ritual que anticipa los conceptos religiosos desarrollados más tarde por los sapiens.

## El primer 'hashtag'

Volvamos a la península ibérica. A partir de la datación de los sedimentos que cubrían los grabados, se estima que los 'hashtags' de Gorham tienen una antigüedad mínima de 39.000 años. Fueron realizados mediante cortes repetidos con una herramienta afilada de piedra, lo que requirió una inversión considerable de tiempo y esfuerzo. «Esto fue intencional, no se trata de alguien que garabateó o rasguñó la superficie», afirma Finlayson. Para comprobar si realmente se trataba de una obra premeditada, los arqueólogos reprodujeron los 'hashtags' en otras rocas de la cueva utilizando instrumentos de piedra. Se necesitaron más de 50 incisiones para imitar la línea más profunda y varios cientos de operaciones para recrear el patrón completo. Finlayson y sus colegas utilizaron las mismas herramientas para cortar piel de cerdo y comprobar si las líneas eran simples huellas creadas en la roca durante un proceso de descuartizamiento, pero en ningún caso se pudo reproducir el diseño. «No se puede controlar la ranura cuando se corta carne. Por mucho que se intente, las líneas se extienden por todos lados.»

Los trazos en la roca no estaban solos. La capa de sedimentos debajo de los grabados contenía herramientas del estilo musteriense, típicas de los neandertales. Algunos expertos como Iain Davidson, profesor emérito de la Universidad de Nueva Inglaterra, cuestionan esta atribución, argumentando que es difícil determinar con certeza si fueron neandertales o sapiens quienes crearon los 'hashtags'. Otros contraargumentan que en ese período los sapiens todavía no habían llegado hasta el extremo suroeste de la península, por lo que los grabados solo pudieron haber sido obra de los neandertales. A pesar de las dudas, los 'hashtags' de Gorham, al igual que los entierros neandertales, desafían la percepción que poseemos de las capacidades cognitivas y culturales de esa especie tan cercana y, al mismo tiempo, tan lejana a nosotros, abriendo nuevas hipótesis sobre su comprensión del simbolismo y la comunicación.

¿Estamos frente a una expresión artística? ¿O se trata de una simple (¿simple?) serie de signos imposibles de interpretar después de tantos milenios? ¿Arte, comunicación o religión? ¿Una mezcla de todo? En un período no tan alejado en términos arqueológicos del momento en que se grabaron los 'hashtags' en Gibraltar, unas comunidades de sapiens instaladas varios cientos de kilómetros más al norte dejaban testimonio de su maestría en el arte de la representación. Las pinturas rupestres de las cuevas de Altamira y El Castillo son ejemplos de la expresión artística y comunicativa de esos primeros humanos. En Altamira las pinturas de bisontes, ciervos y manos en negativo datan de hace aproximadamente 30.000 años. Los discos y siluetas de manos encontrados en El Castillo son aún más antiguos. Se dice que tienen más de 40.000 años.

Pero esos son otros fósiles mediáticos.

## Migraciones

Los sapiens no fuimos el primer homínido en abandonar África. Hace 1,8 millones de años el *Homo erectus* ya había migrado hacia Eurasia. El *Homo heidelbergensis* siguió sus pasos hace 600.000 años dando origen a neandertales y denisovanos. Estos movimientos anticiparon la salida de los sapiens, que ocurrió hace apenas 60-70.000 años. La evolución maneja sus propios tiempos. Según el paleoantropólogo Pascal Picq, los datos arqueológicos y genéticos confirman dos grandes rutas migratorias. Una avanza hacia el norte, por el valle del Nilo y Oriente Próximo. La otra se abre camino hacia el este, cruzando la península arábiga y llegando a Australia por rutas costeras. Poco sabemos de esos viajes. Durante las glaciaciones el nivel de las aguas se ubicaba cien metros debajo del actual, por lo que las huellas de esas migraciones hoy están enterradas en el fondo del mar.

Los sapiens que tomaron la ruta norte se encontraron con los neandertales. La cueva de Gibraltar que acabamos de visitar pudo ser escenario de esos contactos y tensiones entre los últimos neandertales y los inmigrantes recién llegados de África. Los que viajaron hacia el este se cruzaron con los denisovanos, otra especie que recién estamos empezando a conocer, con un desarrollo tecnológico y cultural comparable al de los neandertales.

Los unía un mismo origen. Como recuerda Picq, «todo ha salido de África en algún momento».

Los sapiens tardaron pocos milenios en alcanzar Australia. La presencia humana está documentada allí desde hace 50.000 años, justo cuando desaparecieron grandes marsupiales como el diprotodon, un herbívoro parecido a un rinoceronte y lejano pariente del koala. Había llegado el gran depredador. Desde Asia oriental, los sapiens también avanzaron hacia Siberia. El cruce a las Américas ocurrió más tarde, pero no tanto como nos contaron. En la *long durée* evolutiva fue casi anteayer.

# 2

# Los Toldos / Piedra Museo / Cueva de las Manos

¿Por qué a la hora de hablar de las pinturas rupestres comenzamos por una perdida cueva en la Patagonia argentina y no por las grandes catedrales del arte prehistórico europeo? ¿Acaso un conjunto de signos y manos pintados en un alero moldeado por el viento nos están diciendo algo más que los imponentes bisontes de Altamira? Empezamos por el hemisferio sur porque las pinturas de Altamira están donde y cuando deben estar. Como ya dijimos, fueron realizadas por los sapiens que habitaron la península ibérica hace unos 30.000 años. Esas sorprendentes obras del Paleolítico no solo expresaban el deseo de comunicar: también encarnaban una voluntad que treinta milenios más tarde reconocemos como artística. «Ningún pintor de hoy podría hacerlas más bellas», sentenció Ernst H. Gombrich en su *Breve historia del mundo*. En cambio, las pinturas rupestres de la Patagonia austral no están ni en el lugar ni el tiempo en que deberían estar. Y como cualquier fósil mediático que no encaja en lo que nos cuentan los libros de historia, nos interesan.

## Hacer la América

La teoría tradicional del poblamiento americano sostenía que los primeros habitantes del continente llegaron desde Asia durante la última glaciación, hace unos 13.000 años. Al crearse las grandes masas de hielo el nivel de los océanos bajó unos 120 metros, conectando Siberia con Alaska a través de una franja terrestre conocida como Beringia. Según esta hipótesis, algunos grupos de cazadores nómadas, quizás siguiendo las huellas de los grandes mamuts y bisontes, atravesaron Beringia y se desplazaron hacia el sur. A medida que el hielo retrocedía, los sapiens se dispersaron hacia las regiones meridionales más templadas. A esa cultura originaria se la llamó Clovis y, al ser ampliamente aceptada por la comunidad académica internacional, sentó las bases de un paradigma científico que pocos se animaron a poner en discusión.

El «consenso de Clovis» se basó en el hallazgo de herramientas de piedra en Clovis (Nuevo México) en la década de 1930. Estas puntas de lanza estaban trabajadas con precisión y se caracterizaban por su forma estilizada, bordes afilados y una base acanalada que facilitaba su fijación en astiles. Medían entre cuatro y veinticinco centímetros. Su diseño era simétrico, aerodinámico, ideal para la caza de grandes mamíferos. Esa pieza dio nombre a toda una cultura y, por extensión, a la teoría que explica el poblamiento del continente en una época relativamente reciente. Si esta hipótesis es correcta, entonces todos los restos de la presencia humana en el continente debían ser posteriores a la cultura Clovis. No fue así.

La acumulación de pruebas en la segunda mitad del siglo pasado hizo que el consenso de Clovis saltara por los aires. El descubrimiento de yacimientos más antiguos en América del Norte y, sobre todo, en la parte sur del continente terminó por desmontar la teoría del poblamiento tardío. En América del Sur, uno de los yacimientos arqueológicos más importantes se encuentra en Monte Verde (Chile). Ahí se descubrieron herramientas de piedra, restos de alimentos y estructuras habitacionales que sugieren un asentamiento estable y organizado en la costa del Pacífico, hace al menos 14.500 años. En Brasil, los yacimientos de Pedra Furada, en la Serra da Capivara, presentan herramientas líticas y restos de fuegos controlados de hace unos 30.000 años, aunque la datación sigue siendo objeto de ardientes debates y los científicos aconsejan no ilusionarse demasiado. En la Patagonia argentina, sitios arqueológicos como Los Toldos y Piedra Museo, donde se hallaron restos líticos y pinturas creadas hace unos 11.000 años, también contribuyeron a replantear la cronología del poblamiento del continente americano. Otro relato iba tomando forma.

## Los Toldos y Piedra Museo

Desde la cordillera de los Andes bajan hacia el Atlántico varios cursos de agua que se alimentan de los glaciares patagónicos. Algunos ríos como el Colorado o el Santa Cruz presentan un respetable caudal durante todo el año; otros, como el Deseado, tienen un flujo intermitente, ya que en algunas partes las aguas desaparecen de la superficie y afloran cada tanto en forma de pequeños manantiales. Es ahí, al sur del valle semiseco del Deseado, donde se han encontrado pinturas rupestres que desafían el consenso de Clovis.

El yacimiento de Los Toldos, situado en el cañadón de las Cuevas en la Meseta Central de Santa Cruz, se destaca no tanto por la espectacularidad de sus pinturas —sobre todo si las comparamos con la famosa Cueva de las Manos, situada más al oeste y de la cual ya hablaremos—, sino por su contribución al debate sobre el poblamiento de la región. No siempre las obras más impactantes son las que tienen la capacidad de remover a fondo las estructuras científicas. En Los Toldos los motivos principales incluyen diseños geométricos y manos en negativo de colores rojo, negro, amarillo y blanco. La superposición de estas pinturas, distribuidas en cuevas y aleros rocosos, indica una larga tradición de uso simbólico y cultural de estos refugios. Investigaciones recientes han identificado pinturas que confirman la presencia humana durante la transición del Pleistoceno al Holoceno (hace unos 10.000-12.000 años). Por entonces, la Patagonia estaba habitada por grupos nómades de cazadores-recolectores que utilizaban estos refugios como residencias temporales en sus desplazamientos. Según los etnógrafos, a estas imágenes se les vertía agua o se les cantaba; también se les pedía permiso. Lejos de ser estáticas, algunas fueron repintadas; otras, borradas. No eran simples representaciones. Esas imágenes eran.

En Piedra Museo, un yacimiento ubicado en el Macizo del Deseado, las expresiones gráficas podrían ser casi tan antiguas como en Los Toldos. Además de las clásicas manos, se encontraron motivos blancos y amarillos que con los años evolucionaron hacia formas cada vez más abstractas. Pero no debemos olvidarnos de los grabados. Aunque podría deberse a una mejor conservación y al hecho de ser más recientes, los petroglifos representan casi el 80 por ciento del arte rupestre de Piedra Museo. Los motivos pintados y los grabados muestran diferentes relaciones espaciales. Si las superposiciones predominan en los pictogramas, las yuxtaposiciones caracterizan a los petroglifos.

La investigadora argentina Natalia Carden cree que la superposición de imágenes no se debe a la falta de espacio. Fue intencional. En los bloques intensamente trabajados los motivos superpuestos apenas se tocan en los bordes, demostrando un cuidado deliberado para mantener visibles las imágenes anteriores. Esto sugiere que los motivos podrían haber sido agregados sucesivamente para construir y reconstruir narrativas visuales a lo largo del tiempo, como episodios de una milenaria saga austral.

## La Cueva de las Manos

A unos pocos cientos de kilómetros hacia el oeste, en el cañadón del río Pinturas, se encuentra la Cueva de las Manos.

Con sus acantilados y recodos, este valle ofrece un entorno que mitiga las condiciones climáticas extremas de la región. La diversidad de relieve, la variedad de los suelos y la existencia de microhábitats han favorecido una rica biodiversidad que fue aprovechada por los grupos humanos que frecuentaron este desfiladero hace más de 9.000 años.

Las primeras pinturas, más recientes que las de Los Toldos y Piedra Museo, incluyen escenas de caza donde se representan emboscadas y el uso de boleadoras para capturar guanacos y ñandúes. Pero esta cueva es conocida por sus cientos de manos, en negativo y en positivo, de hombres y mujeres, adultos y niños, derechas e izquierdas, todas superpuestas en la roca. Con el tiempo, las representaciones evolucionaron hacia figuras más simples, como guanacos solitarios, hasta que hace unos 1.300 años aparecieron los motivos geométricos. Las pinturas se realizaron con una técnica llamada *estarcido*. El pigmento se pulverizaba y soplaba directamente con la boca o con tubos de hueso usando la mano como plantilla. También se aplicaba con la técnica del tamponado, que consistía en presionar la pared con hisopos de fibras vegetales o animales impregnados en pintura.

En todas estas grutas, desde Los Toldos y Piedra Museo hasta la Cueva de las Manos, los motivos no solo se repiten: círculos concéntricos, espirales, manos en negativo y positivo, líneas punteadas y siluetas de humanos y animales constituyen un palimpsesto milenario que delata el paso de las generaciones por los mismos valles. Aunque el uso de estos espacios cambió a lo largo del tiempo, nunca dejaron de ser un lugar de reunión tras las partidas colectivas de caza. Las paredes de roca nos traen los ecos de esos festines.

Ahora sí podemos volver al inicio de esta historia. Si los humanos que entraron al continente hace 13.000 años por el estrecho de Bering no fueron los primeros, ¿de dónde llegaron sus antecesores? Se barajan varias hipótesis. La mayoría de los científicos cree que se trataba de migrantes asiáticos que descendieron por la costa norte del Pacífico en embarcaciones rudimentarias, aprovechando los recursos marinos y desplazándose de a poco hacia el sur. Otra hipótesis considera un posible origen polinesio, sugiriendo que algunos navegantes cruzaron el Pacífico hasta llegar a Sudamérica. También existe una teoría mucho menos consensuada que propone una llegada desde Europa, a través del Atlántico Norte, basada en similitudes entre las herramientas Clovis y las de la cultura paleolítica solutrense, la misma que dejó sus huellas en las paredes de Altamira. Las teorías, como las pinturas, también se superponen.

## La escritura antes de la escritura

La escritura no nació por generación espontánea. Según el sociólogo e historiador británico Raymond Williams, las primeras pinturas y grabados constituyeron la base física de la escritura. En ellos se expresó la habilidad del *Homo sapiens* para manipular herramientas con el objetivo de transmitir un mensaje. Aun cuando aparezcan aisladas o en pequeños grupos, para Williams estas formas gráficas primitivas deberían ser consideradas a todos los efectos precursoras de la escritura.

El etnólogo, arqueólogo e historiador André Leroi-Gourhan escribió en *El gesto y la palabra* que «el arte figurativo está, en su origen, directamente ligado al lenguaje y aún mucho más cerca de la escritura, en un sentido muy amplio, que de la obra de arte». A contrapelo de la historia oficial de su época, que veía en las pinturas rupestres una simple representación ingenua de lo real, Leroi-Gourhan defendía que esos signos trazados hace miles de años eran algo más que una expresión «servil y fotográfica de lo real». Las primeras manifestaciones del lenguaje y del pensamiento reflexivo surgieron cuando estos símbolos abstractos se constituyeron de forma paralela al mundo real. Lo que al principio se expresaba en un lenguaje vocal y en la mímica (el gesto) se convirtió durante el Paleolítico superior en representación («lenguaje mitográfico», diría Leroi-Gourhan) y, mucho más adelante, en el lenguaje escrito (la palabra).

Los habitantes originarios de la Patagonia y la Tierra del Fuego ni siquiera tuvieron la posibilidad de desarrollar una escritura propia. Los más afortunados, por decirlo de alguna manera, fueron expuestos como especies salvajes en la Exposición Universal de París de 1889 y en el Jardín de Aclimatación, un zoológico humano que también incluía lapones y zulúes. Los otros, los que se quedaron en el *Far South*, fueron exterminados por el aguardiente, la viruela, las campañas militares y los cazadores de indios en la segunda mitad del siglo XIX. Un genocidio del cual se escribe poco y se habla menos.

## Sedentarismo

Hace unos doce milenios algo hizo clic. Fue durante el Neolítico cuando los sapiens dejamos poco a poco de deambular y nos reunimos en pequeñas comunidades agrícolas en la Mesopotamia asiática, en la región conocida como la Medialuna Fértil. Los habitantes de estos enclaves cultivaban trigo, cebada y legumbres; además, habían conseguido domesticar ovejas, cabras y bovinos. Si bien no fue un proceso lineal, estos asentamientos comenzaron a organizarse en aldeas permanentes en el norte de Irak, en lugares como Jarmo o Tell Hassuna. O, al menos, eso dicen los libros de historia. Conviene no fiarse tanto. Como escriben David Graeber y David Wengrow en *El amanecer de todo*, las narraciones sobre los orígenes de la humanidad cumplen «un papel similar al que tuvieron los mitos para los antiguos griegos o polinesios, o el Tiempo del Sueño de los aborígenes australianos». Sabemos que pasaron cosas, pero no cómo. E ignoramos muchas otras.

Con el correr de los siglos, estas sociedades aprendieron a construir viviendas de adobe, desarrollaron la cerámica decorada e implementaron sistemas de irrigación que los ataron aún más al territorio. Mientras, los intercambios comerciales a nivel regional se fueron haciendo cada vez más intensos. Fue durante el Período de Uruk (4000-3100 antes de nuestra era), no lejos del río Éufrates, cuando aparecieron las ciudades-Estado y se erigieron dos tipos complementarios de estructuras monumentales. Por un lado, los enormes zigurats para acercarse a los dioses; por otro, las no menos imponentes burocracias políticas para gestionar los asuntos humanos. El aumento del comercio y las necesidades administrativas llevaron a la invención de la más potente tecnología cognitiva creada por los sapiens: la escritura. De esas antiguas tierras y tiempos nos llegan fósiles mediáticos grabados con caracteres cuneiformes.

# 3

# Vaso de Caylus

De los sótanos de la historia cada tanto emergen piezas únicas, objetos de frontera que dislocan las cronologías y nos abren las puertas a hechos y modos de vida mucho más antiguos. El vaso de Caylus, un jarro de alabastro torneado en Egipto hace 2.500 años, cuando los persas invadían por primera vez el valle del Nilo y Heródoto tomaba apuntes de sus costumbres, pertenece a esa serie de objetos *borderline*. Tratándose de un jarrón, lo lógico sería que estuviera conservado en el Museo Nacional de Cerámica de Sèvres, pero no, lo encontramos en la Biblioteca Nacional de Francia. Lo importante no es el jarrón, sino lo que dice.

## Un mundo oral

No resulta nada fácil imaginar cómo era nuestro mundo antes de la invención de la escritura. A través de los siglos la humanidad perfeccionó infinidad de técnicas para fortalecer la memoria y preservar el conocimiento. Rimas, ritmos, repeticiones y aliteraciones nacieron no tanto como artificios poéticos sino como recursos destinados a apuntalar la siempre inestable capacidad de recuerdo del *Homo sapiens*. En el mundo rural todavía sobreviven las voces de ese mundo sin escritura:

*Marzo airoso y abril lluvioso sacan a mayo florido y hermoso.*
*Dijo el trigo al sembrador: con un grano o con dos, en julio*
*[estoy con vos.*

Las primeras técnicas de memorización se basaban en la construcción de representaciones interconectadas narrativamente entre sí. A través de los mitos, esos relatos transmitidos de generación en generación gracias a un perfeccionado aparato ritual, las sociedades orales codificaban en forma narrativa los conocimientos para asegurar su preservación. El *storytelling* facilitaba el pasaje de información vital para la supervivencia de padres a hijos y de abuelos a nietos. Una cadena hablada intergeneracional.

Según los manuales escolares, el desarrollo de la escritura fue un largo proceso que comenzó en el Cercano Oriente y llegó a su madurez cuatro milenios antes de nuestra era. Con la escritura la humanidad logró un primer sistema confiable para la conservación del saber. También generó una ruptura primordial entre el momento de la producción y el de la interpretación. Los textos tomaron vuelo, se independizaron de sus creadores y siguieron transmitiendo su mensaje una vez muerto el autor. Una voz permanente.

El nacimiento de la escritura, más allá de significar un enorme progreso técnico para los procesos de conservación del saber, promovió una profunda revolución del pensamiento. Es indudable que muchas operaciones cognitivas fueron posibles gracias a la escritura, una tecnología que facilitó la acumulación de datos, la introspección y la reflexión. Solo un pensamiento moldeado por la escritura, nos recuerda Walter Ong, podía crear y manipular figuras geométricas, categorías abstractas, razonamientos de lógica formal, definiciones o descripciones globales. «Sabemos que la lógica formal —escribió en *Oralidad y escritura*— fue creación de la cultura griega después de haber asimilado la tecnología de la escritura alfabética.» Escribo, luego pienso.

¿Cómo comprender esos textos escritos hace seis mil años? Se trata de lenguas muertas de las cuales desconocemos los sonidos. Solo nos queda un lejano eco que sobrevive en un puñado de voces modernas. El vaso de Caylus abrió las puertas al desciframiento de textos escritos en la Mesopotamia asiática más de tres mil años antes de que fuera torneado por las manos de un artesano egipcio.

## El vaso

Oriente se puso de moda mucho antes de las campañas napoleónicas. Ya en el siglo XVII, el italiano Pietro della Valle había introducido en Europa las primeras tablillas cuneiformes. Algunos sospechaban. Así como los comerciantes chinos les vendían ejemplares disecados de especies inexistentes, los exploradores europeos también desconfiaban de estas pequeñas piezas grabadas con ilegibles muescas. Incluso un siglo más tarde, el famoso orientalista inglés Thomas Hyde, autor de la *Historia religionis veterum Persarum*, creía que se trataba de simples adornos y no de una sofisticada forma de escritura. Tardarían otro siglo en descifrar esos «adornos», en parte gracias al vaso de Caylus.

En *The Discovery and Decipherment of the Trilingual Cuneiform Inscriptions*, Arthur John Booth cuenta que a fines del siglo XVIII se descubrió en Egipto un vaso «que contenía una inscripción trilingüe traducida a jeroglíficos. Fue descrita por [el conde de] Caylus, de quien tomó su nombre, y durante mucho tiempo fue objeto de mucha curiosidad erudita». Este jarrón de casi treinta centímetros de altura se convirtió en una pieza clave por su inscripción cuatrilingüe en cuneiforme (persa antiguo, babilónico y elamita) y jeroglíficos. A diferencia de la piedra de Rosetta, que al incluir una parte del texto en griego antiguo permitió avanzar sobre los jeroglíficos y la escritura demótica, el vaso de Caylus estaba escrito en cuatro lenguas inaccesibles. No había forma de penetrar en los breves textos grabados sobre su blanca superficie de alabastro.

Los primeros intentos por descifrar la escritura cuneiforme fueron llevados adelante por Georg Friedrich Grotefend a finales del siglo XVIII. Si Jean-François Champollion tenía una piedra de Rosetta trilingüe que facilitaba la interpretación, el joven Grotefend andaba mucho más perdido, sobre todo después de apostar en un bar que hallaría la clave para descifrar la escritura cuneiforme. A la hora de aceptar el desafío, Grotefend solo tenía a su disposición unas copias de unas inscripciones provenientes de Persépolis y una enorme voluntad. Y quizás un par de copas de más.

### Instrucciones para decodificar la escritura cuneiforme

Primer paso. Siguiendo los trabajos de Friedrich Münter, Grotefend confirmó que ciertas secuencias de signos se repetían a menudo. Solo podían significar un concepto: «rey».

Segundo paso. Como en las lápidas contemporáneas, Grotefend pensó que ciertas fórmulas se repetirían. No tardó en identificar frases como «X, rey, hijo de Z; Y, rey, hijo de X, rey».

Tercer paso. Grotefend comenzó a jugar con las genealogías. Había que identificar una serie (abuelo > padre > hijo) de la cual el padre y el hijo fueran reyes, pero el abuelo no. Como en 1802 no había Wikipedia, Grotefend consultó a Heródoto y encontró lo que buscaba: la serie Histaspes > Darío > Jerjes.

Bingo.

Grotefend presentó los resultados de su trabajo en 1802, pero fue rechazado por los exigentes académicos de la época. Eran tiempos difíciles. No solo le tumbaron el descubrimiento: incluso le negaron el derecho a publicarlo. Tres años más tarde volvió a la carga con una traducción de las inscripciones del vaso de Caylus. Por más que su interpretación fuera bastante precisa —ahí donde Grotefend tradujo *Xerxes rex fortis* ('Xerjes, el Rey Fuerte'), el vaso decía «Xerjes, el Gran Rey»—, tampoco logró convencer a sus quisquillosos colegas.

Tuvieron que pasar dos décadas, hasta cuando Jean-François Champollion descifró los jeroglíficos siguiendo un procedimiento similar basado en la identificación de los nombres de los faraones, para que el trabajo de Grotefend fuera reivindicado por la comunidad científica. Al aplicar su método al vaso de Caylus, Champollion identificó en la escritura jeroglífica el nombre de Jerjes I. El orientalista Antoine-Jean Saint-Martin verificó que los caracteres cuneiformes correspondían a «rey» y «Jerjes», tal como Grotefend había deducido. El alemán iba por el buen camino desde el comienzo. La cultura popular también tiene un refrán para estas circunstancias:

*Socorro tardío, socorro baldío.*

El vaso de Caylus resultó crucial para validar los primeros pasos en el desciframiento de los jeroglíficos y del cuneiforme persa. El jarrón era un cruce de senderos lingüísticos que conducían a culturas que ya no existían. Los avances en el desciframiento del persa antiguo a mediados de siglo XIX ayudaron a comprender otras lenguas que se expresaban a través del sistema cuneiforme como el elamita, el babilónico y el acadio. La confirmación de Champollion abrió el camino para establecer cronologías más precisas y resolver muchas incertidumbres sobre la historia del antiguo Egipto. Y como si todo esto fuera poco, el vaso de Caylus permitió revindicar el trabajo pionero de Georg Friedrich Grotefend.

Brindemos por él.

Las tablillas contaban historias y números. La principal función de esos primeros trazos sobre la arcilla todavía húmeda era el mantenimiento de la contabilidad en los templos de la ciudad de Uruk. Miles de años más tarde sería también en los templos de Uruk donde llegaría el ocaso de la escritura cuneiforme. Para entonces se había desarrollado lo suficiente para crear la primera literatura escrita del mundo. Las sociedades alfabetizadas de Mesopotamia demostraron un alto grado de especialización en su producción textual. A las obras de origen mítico y cosmológico se deben sumar los himnos dedicados a dioses y soberanos, rituales, crónicas y anuarios, tratados e informes diplomáticos, textos jurídicos, obras de astronomía, científicas e inventarios de bienes y tributos. Los archivos de Asurbanipal en Nínive contenían miles de tablillas, desde textos religiosos hasta recetas para la preparación del vidrio. Un zigurat del saber construido con pequeños ladrillos escritos.

Grotefend lo tuvo fácil —es una forma de hablar, pues en esa época unos cuantos académicos habían fracasado en el intento—, a él le tocó descifrar la escritura de tipo I, que era alfabética y muy similar a los lenguajes occidentales. Otras formas de escritura cuneiforme, como la de tipo III, mezclaban sílabas con palabras. Un solo signo podía representar diferentes sílabas. O incluso frases completas. El comandante británico inglés Henry Creswicke Rawlinson y otros expertos asumieron el rocoso desafío, pero esta vez la suerte vino en su ayuda. En esos días, un excavador encontró en Kuyunjik, a orillas del Tigris, cientos de tablillas de una habitación subterránea. ¡Habían dado con una escuela! De ahí lograron desenterrar desde manuales hasta diccionarios. Esas tablillas fueron como una *Breve introducción a la gramática cuneiforme.*

El mediólogo canadiense Marshall McLuhan no se cansaba de repetir que los medios transforman la manera de percibir el mundo que nos rodea. La escritura es una poderosa tecnología cognitiva que rediseñó la forma de pensar del sapiens. A partir de la escritura, la humanidad comenzó a crear, organizar y transmitir el conocimiento de forma diferente. Incluso se empezó a hablar de otra manera. Al estar escrito, se pudo tomar distancia del texto y reflexionar sobre su estructura. Así nació la retórica, la primera ciencia del discurso.

Según el lingüista y filósofo del lenguaje italiano Raffaele Simone, la escritura «ensalzó enormemente el ver respecto al oír. Sin embargo, no dejó sin cambios a la vista, sino que la transformó en profundidad, porque tuvo el efecto de hacer emerger un ulterior, aunque distinto, módulo de percepción, que es la visión alfabética». Pero ¿qué es la visión alfabética? La capacidad de adquirir informaciones y conocimientos a partir de «una serie lineal de símbolos visuales». Estamos hablando de escritura y lectura, las dos caras de una misma tablilla.

# Hilos

En su camino hacia el sur del continente americano, los pueblos cazadores-recolectores se establecieron tanto en las costas del Pacífico como en los Andes. Algunos de estos grupos desarrollaron formas de vida sedentarias y organizaciones sociales cada vez más complejas y estratificadas. En centros como Caral y Sechín Bajo (Perú) nacieron sociedades que hacían gala de una arquitectura monumental y redes comerciales desde el tercer milenio antes de nuestra era, casi en sincronía con las grandes civilizaciones de Mesopotamia, Egipto, la India y China.

A pesar de estar instaladas en un entorno geográfico a veces hostil, sin grandes ríos navegables ni animales de tiro, estas sociedades desplegaron una pujante agricultura basada en el cultivo de la papa, el maíz y la quinua. Ahí prosperaron refinadas culturas como la Chavín, Moche, Nazca, Wari y Tiahuanaco. Todas ellas sentaron las bases para el surgimiento del Imperio inca alrededor del año 1400 de nuestra era. Al llegar al Perú los primeros conquistadores españoles se encontraron con una inmensa unidad política, social y económica que se extendía desde Colombia hasta Chile.

La organización social de los incas, basada en lazos de parentesco y propiedades comunes, estaba muy atada al territorio. Con su capital en Cuzco —en quechua, el «ombligo del mundo»—, el imperio consolidó un sistema político congregado alrededor de la figura divina del Hijo del Sol, una economía basada en la reciprocidad y una infraestructura vial y arquitectónica que todavía hoy nos deja sin palabras. Y hablando de palabras... Si las ciudades-Estado mesopotámicas tuvieron que inventar la escritura para llevar registro de su administración y comercio, ¿acaso todos estos pueblos no tuvieron que resolver un problema similar? La solución fue tan inesperada como innovadora. Sigamos este hilo.

# 4

# Quipu

Mientras contaba las peripecias del vaso de Caylus mencioné los «manuales escolares». Según la historia oficial de la escritura, esta tecnología cognitiva nació hace unos cinco mil años en los fértiles valles de los ríos Tigris y Éufrates. La escritura habría sido un componente fundamental que acompañó el pasaje del nomadismo al sedentarismo, el incremento del comercio y el nacimiento del Estado. Y si hay Estado, hay burocracia. Leyes, reglamentos, contratos, sellos y firmas para certificarlos. No existe burocracia sin escritura.

A estas alturas, podemos preguntarnos: ¿nació realmente la escritura en la Mesopotamia asiática y desde ahí se difundió por todo el planeta? Los fósiles mediáticos nos cuentan otra historia, mucho más entreverada que el relato lineal que aparece en los manuales escolares. El caso de los quipus andinos abre una brecha, ni la primera ni la última, en el casco de la historia oficial de la escritura tal como la conocimos hasta hoy. Para contar este fósil, cederé la palabra a los cronistas españoles del siglo XVII.

## Nudos contables

Los incas contaban con un sistema de comunicación con emisarios o *chasquis* que conectaban las diferentes localidades. Los *chasquis* corrían llevando las órdenes del Inca y recogían la información necesaria para la gestión de un imperio que ocupaba los actuales territorios de Perú, Bolivia, Ecuador, sur de Colombia, norte de Argentina y la mitad septentrional de Chile. *Chasqui* significa en quechua «trocar». Los correos daban y recibían información. Los mensajes eran orales, fáciles de recordar, con pocas palabras para evitar confusiones. Telegramas hablados.

En 1609 el Inca Garcilaso de la Vega, hijo mestizo de una princesa inca y un conquistador español, escribió en sus *Comentarios Reales*:

> Otros recados llevaban, no de la palabra sino por escrito, digámoslo así, aunque hemos dicho que no tuvieron letras. Las cuales eran nudos dados en diferentes hilos de diversos colores, que iban puestos por su orden, mas no siempre de una misma manera, sino unas veces antepuesto un color al otro y otras veces trocados al revés, y esta manera de recados eran cifras por las cuales se entendían el Inca y sus gobernadores para lo que había de hacer, y los nudos y los colores de los hilos significaban el número de gente, armas o vestidos o bastimento o cualquiera otra cosa que se hubiese de hacer, enviar o aprestar. A estos hilos anudados llamaban *quipu* (que quiere decir anudar y nudo, que sirve de nombre y verbo), por los cuales se entendían en sus cuentas.

Los quipus son uno de los sistemas de registro más singulares creados por una civilización antigua. Aunque se les atribuye principalmente una función contable, su complejidad —cantidad de cuerdas, diversidad de fibras, patrones de color, direcciones de los nudos— plantea no pocos interrogantes sobre su posible uso en la transmisión de mensajes o, incluso, como formas narrativas. Desentrañemos los nudos de esta historia:

> El quipu quiere decir anudar y nudo, y también se toma por la cuenta, porque los nudos la daban de toda cosa. Hacían los

> indios hilos de diversos colores, unos eran de un color solo, otros de dos colores, otros de tres y otros de más, porque los colores simples y los mezclados todos tenían su significación de por sí; los hilos eran muy torcidos, de tres o cuatro liñuelos y gruesos como un huso de hierro, y largos de a tres cuartas de vara, los cuales ensartaban en otro hilo por su orden a la larga, a manera de rapacejos. Por los colores sacaban lo que se contenía en aquel tal hilo, como el oro por el amarillo, y la plata por el blanco, y por el colorado la gente de guerra.

A continuación, el Inca Garcilaso describe cómo los quipus daban cuenta de cereales, legumbres y animales, comenzando por el producto de más calidad e importancia. La población tampoco quedaba fuera de la trama numérica de los quipus. A la hora de contabilizar habitantes, en el primer hilo se indicaban «los viejos de sesenta para arriba», en el segundo «los hombres maduros», y así de diez en diez hasta llegar a «los niños de teta». El mismo sistema se utilizaba para registrar a las mujeres. Hilitos secundarios del mismo color servían para indicar la cantidad de hombres y mujeres casados, viudos y viudas. También los ejércitos se cuantificaban siguiendo el arte de los nudos. Primero las lanzas y otras armas de los nobles. Luego seguían dardos, arcos, flechas y porras, para terminar con hachas y hondas. Además de las armas se registraba el número de hombres que luchaban y los que morían en combate. El *big data* del imperio, archivado en una red analógica de nudos, cuerdas y colores.

Los quipus eran administrados por los *quipucamayos* ('especialista en quipu'). Como los escribas egipcios, cumplían una función esencial en la administración incaica. Los españoles pudieron observar con sus propios ojos el uso de estos cordeles cuando en 1533 un *quipucamayoc* llevó en directo la cuenta de los bienes que los invasores saqueaban de un almacén. Desanudando y anudando lazos, el funcionario podría haber estado utilizando un sistema de doble partida, por entonces, el método más avanzado de contabilidad inventado en Europa.

Los quipus no solo registraban los datos del censo o contabilizaban tributos. También servían para gestionar una buena parte de las actividades económicas de una sociedad donde no existía la moneda y se desconocía el significado de la compraventa o el arrendamiento. Según el Inca Garcilaso, en cada pueblo había al menos cuatro *quipucamayos* y su número crecía de manera proporcional a la población. Su dedicación era total. No pagaban impuestos, estaban exentos de otros servicios «y así nunca jamás soltaban los nudos de las manos». Vivían para contarlo.

## El código de los Andes

Mientras escribía este capítulo tuve la oportunidad de visitar las ruinas de Caral. Ahí se desarrolló la primera civilización del continente a lo largo del valle del río Supe, a mitad de camino entre la costa y los Andes. Si bien el Imperio inca es mucho más reciente y tuvo su momento de mayor expansión en el siglo precedente a la llegada de los europeos, hace unos 5.000 años ya existían sociedades muy complejas en la costas peruanas y ecuatorianas. El que quizás sea el quipu más antiguo fue descubierto en 2005 entre los escombros de una de las pirámides truncas de Caral. En los bloques de la Pirámide Menor también se encontraron seis representaciones pictóricas de quipus. Si se confirmaran algunas hipótesis todavía bajo la lupa de los investigadores, el quipu de Caral habría sido anudado alrededor del año 2500 antes de nuestra era. En ese caso, sería contemporáneo de Stonehenge y de las primeras bibliotecas babilónicas.

Después de la conquista española, los quipus pasaron a ser preciados objetos que terminaron enriqueciendo las colecciones arqueológicas del *Global North*. En la actualidad se conservan alrededor de 1.400 quipus en museos e instituciones públicos. Se cree que la mayoría data de la época incaica. Se desconoce la cantidad de quipus preservados en colecciones privadas. Como los incas eran tan afectos a la contabilidad, podemos soñar con que algún día se encuentre un catálogo anudado de todos los quipus existentes.

## El nudo y la palabra

«El nudo dice el número, mas no la palabra», escribió Garcilaso en sus *Comentarios Reales*. La comunicación verbal de los incas, como en cualquier otra sociedad oral, se basaba en estrategias mnemotécnicas, alegorías y breves fábulas que pasaban de generación en generación. Los quipus servían de ayudamemoria. Como escribe el mismo Garcilaso,

> por la misma orden daban cuenta de sus leyes y ordenanzas, ritos y ceremonias, que por el color del hilo y por el número de los ñudos sacaban la ley que prohibía tal o tal delito y la pena que se le daba al quebrantador de ella. Decían el sacrificio y ceremonia que en tales y tales fiestas se hacían al sol. Declaraban la ordenanza y fuero que hablaba en favor de las viudas, o de los pobres o pasajeros; y así daban cuenta de todas las demás cosas tomadas de memoria por tradición. De manera que cada hilo y nudo les traía a la memoria lo que en sí contenía, a semejanza de los mandamientos o artículos de nuestra Santa Fe Católica y obras de misericordia, que por el número sacamos lo que debajo de él se nos manda.

Este uso narrativo de los quipus también fue apuntado por otros cronistas de la época, entre ellos el jesuita José de Acosta en su *Historia Natural y Moral de las Indias* de 1590:

> Yo vi un manojo de estos hilos, en que una india traía escrita una confesión general de toda su vida, como yo lo hiciera

> por papel escrito; y aún pregunté de algunos hilillos que me parecieron algo diferentes, y eran ciertas circunstancias que requería el pecado para confesarle enteramente.

En 2015, la antropóloga Sabine Hyland tuvo acceso a dos quipus de la comunidad andina de Collata (Perú) del siglo XVI que, según los líderes locales, narraban viejas rebeliones indígenas. ¿Simples ayudas mnemotécnicas o algo más? Quizás Garcilaso de la Vega no estaba tan errado cuando afirmó que los quipus eran «la manera del escribir que los incas tuvieron en su república». Los quipus de Collata carecen de los nudos característicos de las tramas administrativas. Sus combinaciones incluyen patrones de colores, fibras y torsiones que, según Hyland, podrían estar codificando sílabas. ¿Otra escritura en espera de su Georg Friedrich Grotefend?

## Patrones

Los quipus de Collata y otras piezas similares van a contramano de la idea de que los incas carecían de un sistema de escritura. Muchos investigadores creen que podríamos estar frente a formas complejas de comunicación escrita que combinaban signos fonéticos e ideográficos. El desciframiento de los quipus es todavía un proceso abierto y su interpretación definitiva podría transformar nuestra comprensión de las civilizaciones andinas. ¿Constituyen acaso una forma de escritura? «Contestar esta pregunta depende de nuestra definición de la escritura. Entre los quipus y la escritura gráfica con papel y tinta hay mucho en común; en particular, la transmisión de significado por medio de colecciones de signos. El grado de convencionalidad de los quipus es un debate en curso», explica Manuel Medrano desde la Universidad de Harvard. Varios grupos de investigación están intentando resolver el enigma, incluso apelando a la digitalización y análisis con técnicas de *machine learning*. Si algo saben hacer las inteligencias artificiales es identificar patrones. Quizás esta vez no sea necesario andar haciendo apuestas en un bar para desentrañar los misterios de esta trama.

## Pensar con las manos

A pesar de la alfabetización forzosa impuesta por los conquistadores, los quipus siguieron trenzando números e historias hasta bien entrado el siglo XX. Un estudio realizado en Tupicocha (Perú) por Frank Salomon, antropólogo emérito de la Universidad de Wisconsin-Madison, confirmó que, aunque su lectura se haya perdido, los quipus siguen siendo conservados por las comunidades locales como emblemas de legitimidad indígena. Los ecos de los quipus todavía resuenan en ceremonias administrativas como el *huayrona*, cuando los funcionarios salientes rinden cuentas y se eligen nuevos líderes comunitarios. Durante estas reuniones, los registros (ahora manuscritos en papel) sirven para verificar el cumplimiento de las tareas, visibilizar la contribución de cada miembro de la comunidad y fortalecer la cohesión social. Estas prácticas contemporáneas son útiles para imaginar el uso y función de los quipus antes de la conquista. Los quipus también están vivos bajo forma de consultas oraculares, un fenómeno que Salomon denomina *quipumancia*. Como si fueran líneas de una mano, los hilos y nudos siguen produciendo significados.

El entusiasmo de los investigadores es contagioso. «La experiencia de leer un quipu pudo haber sido algo similar a la de leer una infografía moderna», imagina Frank Salomon. Acostumbrados como estamos a las formas textuales lineales que se expresan en un plano bidimensional, ya sea la página de un libro o la superficie interactiva de una pantalla, los quipus nos descolocan y obligan a pensar de otra manera.

Pensar en quipu.

## Civilización

Regresemos al continente africano. Los primeros asentamientos en Egipto crecieron a lo largo del Nilo unos seis milenios antes de nuestra era, cuando el clima forzó a las poblaciones a concentrarse cerca del río y aprovechar sus crecidas anuales. Enclaves como El-Badari y Naqada I, II y III surgieron un milenio más tarde. Allí se encontraron formas tempranas de organización social, agricultura, alfarería y comercio.

Este proceso, conviene recordarlo una vez más, no fue lineal. Si algo hemos aprendido es que no existe un camino único hacia lo que llamamos «civilización». Los arqueólogos han desenterrado ciudades que se autogobernaron durante siglos sin signos de templos ni palacios. En otros asentamientos esos edificios nunca surgieron. Existen muchos núcleos urbanos prehistóricos donde no se han hallado pruebas de la existencia de una organización política o una clase dominante. En algunos lugares el poder surgió para luego esfumarse. En otros, llegó para quedarse.

El origen del Egipto faraónico se remonta al año 3100 antes de nuestra era. Fue entonces cuando el rey Narmer unificó un territorio hasta entonces dividido en Alto y Bajo Egipto y fundó la primera dinastía. Esta integración dio lugar a un Estado centralizado y una próspera economía agrícola que regulaba su funcionamiento al ritmo de las crecidas del Nilo. El poder se amalgamó alrededor de una ideología teocrática en la que el faraón era concebido como una figura divina, un mediador entre los dioses y el pueblo. Este es el Egipto antiguo más popular, el de las grandes pirámides, momias y papiros con ininteligibles jeroglíficos que hechizó a los europeos del siglo XVIII. Como una voz del más allá, de ahí nos llegan algunos de los fósiles mediáticos más enrollados de nuestra historia.

## 5

# Papiro de Ani

Es una de las mejores escenas de *El club de los poetas muertos*, la gran película de formación dirigida por Peter Weir. El profesor y sus jóvenes alumnos están frente a unas fotos en blanco y negro desde donde les mira la vieja generación de estudiantes de la victoriana Academia Welton. «Somos comida para gusanos, muchachos —les dice el profesor John Keating—. Créanlo o no, cada uno de los que estamos en esta sala un día dejará de respirar, se enfriará y morirá.» Keating, interpretado por un eterno Robin Williams, invita a sus estudiantes a acercarse a la foto y afinar el oído: «Si escuchan bien de cerca, pueden oírlos susurrar su legado a ustedes. ¿Lo escuchan?». *Carpe. Carpe. Carpe diem.* Cada vez que visito un museo, archivo o exposición con viejos artefactos de comunicación, me aproximo a ellos y acerco el oído. Los fósiles mediáticos, por más muertos que estén, siempre nos hablan. Solo hay que saber escucharlos.

Para interpretar lo que un fósil natural quiere decirnos debemos reconstruir la capa geológica a la que pertenece. Lo mismo pasa con los fósiles mediáticos. El término *papyro* tiene sus orígenes en los primeros siglos de la era cristiana, cuando comenzó a ser empleado para designar tanto a la planta *Cyperus papyrus* como al soporte que se utilizaba para la escritura. Este material se fabricaba a partir de los tallos de un junco que prolifera en el delta del Nilo y en ciertas áreas del Mediterráneo. Desde la Primera Dinastía, el papiro se estableció como soporte esencial para la escritura y, en el mismo movimiento, se convirtió en una tecnología clave que dominó la transmisión de la información durante varios milenios. El papiro era un insumo crucial para la gestión administrativa, las prácticas religiosas, la creación narrativa y el registro histórico. La civilización egipcia se escribía a sí misma en estas interfaces enrollables de materia orgánica.

En el volumen XIII de su *Naturalis historia*, Plinio el Viejo explica en detalle la fabricación del papiro, un proceso que comenzaba con la cosecha del *Cyperus papyrus* en las áreas pantanosas del delta del Nilo. Estos tallos primero se cortaban en secciones, después se les retiraba la corteza y al final se extraían tiras finas de la médula. Las tiras se aplastaban y disponían sobre una superficie plana en capas perpendiculares entre sí. La humectación y el posterior prensado facilitaban la integración de las capas durante el secado al sol. Para finalizar, el papiro se alisaba con un objeto plano para crear una superficie uniforme y apta para la escritura. El resultado era una hoja parecida a la del papel que se podía encolar y unir hasta formar largos rollos. Siendo fundamental para el funcionamiento administrativo del imperio, el Estado faraónico monopolizó el cultivo, la producción y la circulación de papiros. Nada muy diferente a lo que pasa hoy con recursos estratégicos como los microprocesadores, el litio o las tierras raras.

## El arte del escriba

La escritura promovió la aparición de nuevos actores cuyo poder se fundaba precisamente en el dominio de esa tecnología cognitiva. La pequeña estatua del escriba conservada en el Museo del Louvre condensa toda la sabiduría y simplicidad del arte de la escritura. Al sentarse con las piernas cruzadas, el escriba creaba una superficie plana sobre la cual estiraba el papiro y desplegaba su técnica siguiendo las fibras horizontales. Un doble contenedor de madera o piedra para la tinta roja y negra, un recipiente de agua y un estuche para los cálamos —pequeñas cañas o plumas con la punta cortada de forma oblicua— completaban su equipo. Acostumbrados a la acelerada evolución actual de los medios, hoy nos cuesta pensar que este kit del escriba se utilizó durante más de treinta siglos.

La escritura se presentaba en el antiguo Egipto en diferentes medidas y formatos. La extensión de los textos era variable, pero no podía ser excesiva, por lo que los autores dividían sus obras en libros, cada uno de los cuales correspondía a un volumen. El papiro más extenso hasta ahora recuperado descansa en el Museo Británico. Se trata del famoso Papiro Harris, de más de cuarenta metros de largo. Respecto al formato, en los textos jurídicos o administrativos cada frase ocupaba una línea y las columnas solían estar compuestas por líneas de diversa extensión. Hoy diríamos que es un texto alineado. Las obras literarias, por el contrario, tendían a ser justificadas, es decir, se escribían con líneas de la misma extensión. Los volúmenes (del latín *volvere*, 'enrollar') se desenvolvían horizontalmente, con la escritura dispuesta en columnas (*paginae*), compuestas cada una por un determinado número de líneas (*versus*). El futuro diccionario del libro ya estaba ahí, enrollado en los papiros.

Los papiros, por lo general, se escribían de un único lado. Con la llegada del Nuevo Imperio, entre los siglos XVI y XI antes de nuestra era, los escribas comenzaron a usar la cara posterior. Esta práctica no se limitaba a los nuevos documentos: los rollos antiguos también se reutilizaban. Más adelante se llegó incluso a borrar el texto previo para poder reescribir sobre él, maximizando el uso del material en una temprana forma de reciclaje. Estos palimpsestos utilizados una y otra vez son quizás la mejor metáfora del conocimiento humano. Nuestra cultura no es otra cosa que un texto en constante proceso de escritura, cancelación y reescritura.

La rigurosa costumbre de los antiguos egipcios de documentar sus actividades cotidianas nos ha legado un tesoro que incluye desde registros administrativos y cartas personales hasta contratos comerciales y diarios de expediciones. Este hábito refleja un inusitado nivel de alfabetización, quizás sin parangón hasta la Revolución Industrial y la difusión de la educación obligatoria a partir del siglo XIX. No solo los escribas dominaban la lectoescritura. La corte del faraón, los funcionarios, sacerdotes, académicos, militares y supervisores de las grandes construcciones también sabían moverse entre papiros.

## Escrituras

En los papiros nació la práctica de escribir comentarios en los márgenes. Los textos científicos antiguos copiados a mano se actualizaban con anotaciones que explicaban el significado de los términos ya fuera de uso. Durante el Nuevo Imperio se difundió la costumbre de redactar documentos utilizando el rollo verticalmente, desenvolviéndolo de arriba hacia abajo. Esta modalidad llegó algunos siglos más tarde a Roma y hoy la encontramos en nuestras pantallas, en las redes sociales y en ese rollo digital infinito en el que escribimos cosas como este libro.

El contenido de los Libros de los Muertos no era estándar. Cada cliente podía elegir las palabras más adecuadas para iluminar su ingreso en la vida eterna. Una vez redactado, el libro se depositaba en el sarcófago o en la cámara funeraria junto al cuerpo. En cierto momento llegó a ser tan grande la demanda que comenzaron a producirse en serie, con espacios en blanco donde escribir el nombre del difunto. El Papiro de Ani pertenece a este último tipo, quizás uno los primeros documentos realizados con la técnica del *fill in the blanks*.

## El Papiro de Ani

El Papiro de Ani es uno de los Libros de los Muertos más elaborados y mejor conservados. Ani era un escriba de Tebas que vivió en el siglo XIII antes de nuestra era. El papiro, de unos veinticuatro metros de largo, está cubierto de jeroglíficos cursivos o lineales, una versión estilizada de los clásicos pictogramas que derivaría con el tiempo en la mucho más rápida y simple escritura hierática. El papiro se abre con una imagen de Ari y su esposa Tutu ofreciendo carne, tortas, frutas y flores al dios Ra durante el amanecer. A partir de ahí, las imágenes nos muestran todo el panteón egipcio, desde Osiris hasta Isis, Anubis y Thoth, el escriba de los dioses con cabeza de ibis. En el *Fedro*, Platón le atribuye a este polímata celestial la invención de la escritura, los números, la astronomía y el cálculo.

Thoth era uno de los actores clave en los Libros de los Muertos. Considerado la voz de los dioses, sus palabras comandaban todos los seres y objetos, tanto en el cielo como en la tierra. Como si todo esto fuera poco, Thoth ordenaba el curso del sol, la luna y las estrellas. También se le conocía como el «escriba de la Gran Compañía de los Dioses» o el «Ángel Registrador». Al comienzo del Papiro de Ani, Thoth aparece de pie, con un pincel en una mano y una tabla con tinta de dos colores en la otra. Un poco más adelante, un Ani con cabellos blancos enfrenta a Osiris, y no mucho más allá una imagen del cortejo fúnebre representa su camino hacia la vida eterna. Tutu llora arrodillada junto al féretro y, casi al final del cortejo, una de las figuras lleva consigo el kit de escritura de Ani. Reposará para siempre junto al cuerpo del escriba.

Los egipcios no se conformaban con que Thoth les iluminara el camino de la eternidad a fuerza de bellas palabras. Su aspiración era que los representara y defendiera frente a Osiris en el momento de repasar su vida en la Gran Sala del Juicio. En este tramo del papiro resuenan los ecos de los mandamientos judeocristianos que por entonces recibía Moisés en la cumbre del Monte Sinaí:

*No he pecado contra los hombres.*
*No he oprimido a mis parientes.*
*No he hecho (dicho) nada malo en lugar de la verdad.*
*No he hecho las cosas que abominan los dioses.*
*No he causado dolor.*
*No he cometido asesinato.*
*No he infligido dolor a ningún hombre.*
*No he robado las ofrendas a los espíritus (los muertos).*
*No he fornicado.*
*No he detenido el agua (cuando debería fluir).*
*Soy puro. Soy puro. Soy puro.*

El Papiro de Ani fue localizado por sir Ernest Alfred Thompson Wallis Budge en 1888. Como era habitual, el objeto del deseo no estaba enterrado en una misteriosa cámara secreta bajo las arenas del desierto, sino en manos de unos curtidos traficantes de antigüedades. Tal como cuenta en *By Nile and Tigris*, al verlo no dudó en comprarlo junto con otras valiosas piezas. La operación estuvo a punto de fracasar. Una redada policial contra el comercio ilegal de antigüedades culminó con la detención de los traficantes y el precintado de su depósito. Budge no lo pensó dos veces. Invitó a los guardias a comer mientras un par de egipcios perforaron un túnel, entraron en el almacén y recuperaron todo el lote. Distribuidas en varias cajas para disimular el traslado, el Papiro de Ani y las otras antigüedades adquiridas por Wallis Budge salieron de contrabando y navegaron hasta llegar a su última morada en el Museo Británico.

Wallis Budge recibió una recompensa de ciento cincuenta libras por esta cinematográfica operación de *import-export* en el mejor estilo Indiana Jones, pero su premio mayor llegaría con la publicación de *By Nile and Tigris* y su nombramiento como *sir* en agradecimiento por los servicios prestados al imperio. En 1994, un siglo después de la aparición en inglés del Papiro de Ani traducido por el mismo Budge, Roland Emmerich cerraría el círculo en su taquillero largometraje *Stargate*. Cuando el joven y atolondrado arqueólogo interpretado por James Spader descubre una traducción incorrecta en una pizarra, presume que la deben de haber realizado utilizando el texto clásico de Budge y se pregunta: «¿Cómo es que siguen imprimiendo ese libro?». Después de tantos siglos, el Papiro de Ani seguía vivo.

## Comercio

El *Homo erectus* fue el primer homínido en instalarse en la península india entre 800.000 y 1,5 millones de años antes del presente. La llegada de los sapiens ocurrió en el Paleolítico superior, entre 50.000 y 70.000 años atrás, como parte de otra gran migración desde África. Siguiendo las costas del golfo Pérsico y el Índico, estos grupos alcanzaron el sur de Asia en menos de cinco mil años, ocupando los manglares tropicales, las fértiles planicies del norte y las cadenas montañosas.

Con el tiempo, esas primeras aldeas neolíticas dieron paso a comunidades agrícolas, un proceso reforzado por la domesticación del ganado y el dominio de la cerámica y la metalurgia. En el valle del Indo, núcleos urbanos como Harappa, Mohenjo-Daro y Lothal alcanzaron un estatus comercial que los llevó a mantener intercambios con regiones lejanas, como Mesopotamia. Los arqueólogos están de fiesta: Mohenjo-Daro es la ciudad mejor conservada de la Edad de Bronce. ¿Y qué nos dice la arqueología? Que allí vivían miles de personas, había una gran actividad comercial y se desarrolló una escritura todavía sin descifrar. Más que un imperio unificado, de las ruinas emerge una red de ciudades y gobiernos comunales. Los caminos de los sapiens a veces también son indescifrables.

Una vez más el comercio parece haber impulsado la escritura. Al principio se grababan sellos con pictogramas y símbolos geométricos que se imprimían sobre arcilla para certificar productos o propiedades. La brevedad de los textos y la falta de paralelos bilingües han frustrado el desciframiento de estos signos creados hace cuatro milenios. Aún no ha aparecido el vaso de Caylus ni la piedra de Rosetta que nos oriente en la interpretación de la escritura del valle del Indo. Pero hace unos dos mil años, mientras en Europa comenzaba la lenta transición del papiro al pergamino, en la India se popularizaba otro soporte que conviviría por siglos en tensión con las culturas orales. Y a diferencia de aquellos antiguos signos, estas palabras sí se pueden leer.

# 6

# *Pārameśvaratantra*

En una sala de la Universidad de Cambridge que me encantaría algún día visitar se esconde un manuscrito sobreviviente. No está hecho de pergamino ni papel. Sus páginas, de un color ocre gastado, fueron alguna vez hojas de una palmera. En su superficie alargada, tallado con punzón e iluminado con tinta, se preserva el *Pārameśvaratantra*, uno de los textos más antiguos que se conservan en ese soporte material. Este fósil mediático, fechado hacia el año 828 de nuestra era, no es solo una rareza bibliográfica. Si bien el manuscrito fue copiado en Nepal, su contenido pertenece al corazón del pensamiento religioso de la tradición Śaiva Siddhānta, una de las vertientes más influyentes del culto a Śiva como «Señor Supremo» (*Parameśvara*) en el sur de la India. No se conoce ningún otro manuscrito de esta obra.

Estamos acostumbrados a ver cómo los años desintegran las páginas de papel de los viejos libros, sobre todo de las ediciones económicas. Palabras para hoy, migajas para mañana. El mismo proceso afecta a las otras formas de materia vegetal, desde los papiros hasta los libros de palma. Esta versión del *Pārameśvaratantra* sorprende por su estado de conservación. Su superficie, a pesar de ser un soporte vulnerable a la humedad que no suele durar más de trescientos o cuatrocientos años, con suerte seiscientos, ha demostrado una resiliencia extraordinaria. Quizás el clima seco de los monasterios del Himalaya contribuyó a que estas páginas hayan llegado hasta nuestros días. A pesar de haber perdido varios folios, el *Pārameśvaratantra* es un texto que ha superado la prueba del tiempo.

Este fósil también nos interesa por otro motivo. El *Pārameśvaratantra* es una pieza de frontera entre dos modos de transmitir el conocimiento. En el Próximo Oriente y la cuenca del Mediterráneo, la transición de la oralidad a la escritura ha sido muy bien investigada por académicos como Walter Ong, Eric A. Havelock y Jack Goody. Sabemos mucho de Babel, pero poco de otros procesos de aparición de la escritura. La tentación de aplicar los mismos modelos a otras sociedades ha sido siempre muy grande. En la India, esa transición adoptó formas y ritmos propios. Tal como escriben Jan E. M. Houben y Saraju Rath en *Aspects of Manuscript Culture in South India*, a pesar de estar rodeado de poderosas culturas escritas al noreste (China) y oeste (la Gran Persia y, más allá, Mesopotamia), el subcontinente indio «adoptó sorprendentemente tarde la escritura como medio de transmisión textual». Más que una transición de la oralidad a la escritura, hubo una larga y enmarañada convivencia entre ambas formas de transmitir el saber. El *Pārameśvaratantra* fue parte de una tradición oral que exigía no solo grabar el texto en las hojas de palma, sino también memorizarlo, recitarlo y preservarlo para las próximas generaciones. Un rito en las fronteras de la oralidad y la escritura.

## La hoja de palma

Como el papiro, el papel, el pergamino o el amate de los mayas, las hojas de palma son el resultado de un proceso de preparación perfeccionado a lo largo de las generaciones. Nos interesan dos especies: la *Corypha umbraculifera* (palma de Ceilán) y la *Borassus flabelliformis* (palma de Palmira). La primera crece ampliamente en zonas áridas del oeste de la India, mientras que la segunda abunda en las costas húmedas del sur. La naturaleza es muy sabia. Si de la palma de Palmira se extrae azúcar y medicamentos, la palma de Ceilán ofrece un soporte ideal para la escritura que resiste muy bien la humedad. Sus hojas largas y delicadas son más resistentes a la degradación y piden en silencio ser grabadas con un punzón.

La palma se cortaba cuando sus hojas, aún tiernas y plegadas en forma de abanico, permanecían unidas por las puntas. Después se desplegaban y exponían al aire libre durante varios días. Apiladas por espacio de un mes, recién entonces se separaban por completo, se hervían en agua de arroz y dejaban secar al sol. Este proceso casi industrial terminaba con el recorte de las hojas respetando unos formatos estándar. Las hojas de *Corypha* permitían crear manuscritos de cincuenta a sesenta centímetros de largo por cinco o seis de ancho, aunque también los había más pequeños y manejables. Libros de palma de bolsillo.

Después del recorte, las hojas se agrupaban en manojos de unas quinientas piezas, se prensaban y se cocían en un horno de ladrillo para protegerlas del moho. Finalmente, se limpiaban y lijaban con arena seca. Las hojas más largas se perforaban con dos agujeros realizados con una plancha caliente; las más cortas, solo en el centro. Ya estaban listas para la escritura. ¿Por qué un proceso de producción tan complicado? Para asegurar la supervivencia de la materia orgánica. Salvo en el norte, donde prevalece un clima seco, el ambiente húmedo del sur de la India no les sienta bien a los manuscritos.

## Una escritura a ciegas

Los grabadores compraban las hojas de *Corypha* ya apiladas, horneadas, cortadas y perforadas. Los renglones, unos cinco por hoja, se trazaban siguiendo el hilo natural de la fibra. Recién entonces comenzaba la escritura. El punzón, conocido como estilete o aguja de escribir, estaba hecho con una varilla de hierro de unos veinte centímetros de largo. La parte central era un poco más gruesa para facilitar la empuñadura. Los herreros modelaban estiletes con diferentes cortes y filos según el tipo de escritura. Así como hoy tenemos lápices con minas blandas, duras, oscuras y claras, había estiletes largos, medianos y gruesos, más o menos punzantes.

El grabador, sentado con una rodilla más elevada que la otra, sujetaba un pequeño cojín del tamaño de la hoja de palma. La punta del estilete se mantenía recta, perpendicular a la hoja, y se encajaba en una muesca en la uña del pulgar derecho. Al mismo tiempo, el pulgar izquierdo deslizaba la hoja de lado, bajo las presillas del cojín, a medida que se grababan los caracteres. Una vez terminado el texto, se aplicaba una capa de negro de humo mezclado con goma o aceites para que la tinta penetrara en los surcos. Al retirar el sobrante, el texto se volvía visible. Solo en ese momento el grabador veía lo que había escrito. Era una escritura a ciegas.

El estilete se afilaba regularmente para poder inscribir las letras en las dos caras sin romper la hoja. En caso de error, el grabador lo indicaba con un punto en el centro de los caracteres que deseaba borrar para evitar tachaduras que pudieran arruinar la frágil superficie. Me hubiera encantado incluir en este libro un palimpsesto hecho en hojas de palma, pero a diferencia del papiro o el pergamino, donde la práctica del borrado y reescritura era muy común, no he logrado identificar ninguna pieza referenciada en la bibliografía ni en las bases de datos. Si un día apareciera, sería un gran descubrimiento científico y yo debería reescribir este capítulo.

## Copistas poetas

Muchas prácticas de edición típicas de los libros occidentales estaban presentes en los libros de palma. Al principio y final del volumen se incluían algunas hojas en blanco para proteger las páginas grabadas. El título y el número del fajo se colocaban siempre en la hoja superior. También era frecuente que el propietario anotara su nombre en la parte inicial: «Este manuscrito pertenece al monje Phui». Viejas soluciones para afrontar los mismos problemas de gestión del conocimiento.

Al final del fajo se escribía un colofón. Podía incluir el apellido del autor o copista, de sus padres o maestro, lugar de residencia, ocasionalmente su genealogía, nombre del mecenas, fecha de finalización, número total de versos y un saludo final. Era común que el autor o copista expresara sus deseos al terminar el manuscrito:

> Mi nombre es Brajanatha, mi apellido es Badajena y pertenezco a una familia karan de Dhenkanal. Los eruditos me consideran poeta. Domino tres tipos de trabajo: hoja de palma, papel e imágenes. Las ilustraciones de los libros ocho y nueve de este manuscrito son obra mía. La letra es de mi hijo Ghanasyama.

Algunos grabadores se animaban a escribir sus propios versos. Como sus hermanos en los monasterios europeos, los copistas indios no querían que su trabajo fuera una simple operación técnica. Ellos también querían dejar su huella en una superficie a la que le habían dedicado tanto tiempo y maestría.

Una vez terminado el proceso de escritura, los fajos se recogían entre tablas y recubrían con tela reforzada con listones finos de bambú. Los textos más valiosos se decoraban con ébano y, para los clientes más acaudalados, se recubrían con oro, plata, marfil, carey o piedras preciosas. Había libros de palma para todos los bolsillos.

## Autopsia de un texto sobreviviente

El *Pārameśvaratantra* que se conserva en Cambridge consta de 62 folios de unos 38,5 por 3,8 centímetros. Como corresponde a sus dimensiones, tiene dos orificios para colocar las cuerdas y el texto se organiza en tres columnas separadas entre sí por las perforaciones. El libro, como ya vimos, está incompleto. La ficha de Cambridge lo describe como si fuera el frío informe de una autopsia:

> Se indica que este antiguo manuscrito en hoja de palma está escrito en nepalesa temprana *licchavi* en tinta negra. Muchos de sus folios se han perdido o dañado. Las paginaciones irregulares con numerales *devanāgarī* modernos, escritas en el lado izquierdo de los folios y sobre el primer orificio para cuerdas, parecen ser una inserción posterior. Varios folios están desgastados en los márgenes, con o sin pérdida de pequeñas porciones de texto. Muchos de estos han sido restaurados con papel translúcido, lo que lamentablemente vuelve ilegibles las áreas cubiertas.

Datar con precisión un manuscrito a partir de su escritura no es tarea sencilla. Las caligrafías se transforman a ritmo lento y a menudo conviven con formas arcaicas. Este tipo de análisis paleográfico solo permite establecer rangos aproximados de antigüedad. Hay que olvidarse de las certezas absolutas. Cuando los expertos de Cambridge leyeron las últimas páginas del *Pārameśvaratantra*, sin duda respiraron aliviados. El colofón nos informa que el manuscrito se completó en el día de luna llena de la quincena brillante del mes de Āśvina, Saṃvat 252, durante el reinado de Aṃśuvarman en Nepal (año 828 de nuestra era). Al menos por esta vez la memoria vegetal incluía su fecha de creación.

## Ciclos naturales

Los manuscritos en hoja de palma solo duraban unos pocos siglos. Cada mecenas encargaba a una nueva generación de grabadores que copiaran los textos en folios recién tratados.

La difusión de la imprenta en el siglo XIX hizo que ese ciclo ancestral de preservación textual se detuviera. Con la tradición del escriba desapareciendo rápidamente y sin un nuevo sistema para registrar su contenido —escribe Panchanan Bhoi en *Scribe as a metaphor*— no solo se han perdido para siempre numerosos manuscritos, incluso «la capacidad misma de leer la vieja escritura en hoja de palma solo sobrevive entre unos pocos eruditos muy preparados». Una vez más, en Babilonia o la India, lectura, escritura y memoria van de la mano.

Junto con los rollos de papiro y las hojas de papel, los libros de palma son otro ejemplo de lo que Umberto Eco denominó *memoria orgánica.* La fragilidad de este tipo de soporte esconde una pregunta: ¿cuántos textos se han perdido a lo largo de la historia? ¿Cuántas voces grabadas en las frágiles hojas de palma no consiguieron llegar al presente? La historia de la escritura suele jugar malas pasadas a los autores. Muchos textos inscriptos en la roca y destinados a la eternidad fueron destruidos con el paso del tiempo. Otros soportes como el papiro, pensados para un efímero uso cotidiano y administrativo, llegaron hasta nuestros días. El *Pārameśvaratantra* es un texto sobreviviente que nos recuerda que, entre la intención original de los autores y la implacable realidad de los procesos históricos, hay un abismo insalvable. Lo que fue escrito para la eternidad a menudo desaparece, y los textos fugaces pueden terminar desafiando la degradación del tiempo.

Estos manuscritos grabados sobre la materia orgánica se veneraban, cantaban y copiaban con devoción. Y quizás por eso, a pesar de los siglos que han pasado, el *Pārameśvaratantra* sigue interpelando a los lectores desde su frágil memoria vegetal. No solo por lo que dice, sino por la manera en que fue escrito. Como si cada curva de sus letras escondiera también un acto de fe.

# Mapas

Observemos un mapa del mundo. Lo primero que vemos es una enorme masa continental en el hemisferio norte que se extiende de forma horizontal: Eurasia. Otros dos grandes territorios llaman nuestra atención: África y las Américas. En este caso, su eje mayor se ubica de norte a sur. ¿Qué consecuencias tuvo esta diferente orientación de los ejes continentales? Según Jared Diamond, esta distribución tuvo derivaciones enormes y a veces trágicas para la humanidad. La disposición de los ejes habría influido en la difusión de los cultivos, la cría de animales e invenciones como la rueda o la escritura. Un territorio que se extiende de este a oeste comparte la misma duración de los días, temperaturas y precipitaciones. También las mismas enfermedades.

A los sapiens que habían entrado en las Américas por el estrecho de Bering (teoría del poblamiento tardío) o por las islas y zonas costeras (teoría del poblamiento temprano) les llevó varios milenios ocupar el continente. Si bien la distancia entre México y Ecuador es la misma que separa a los Balcanes de Mesopotamia, en las Américas solo el maíz se propagó desde el hemisferio norte a las tierras del sur.

Norte-sur. Este-oeste. Alrededor de estos ejes, concluye Jared Diamond en su superventas *Armas, gérmenes y acero*, han girado los «avatares de la historia». ¿Es tan determinante la distribución de las masas continentales? Algunos historiadores le achacan a Diamond que haya puesto la geografía por encima de otros factores como la cultura, el comercio o la tecnología. Otros lo tildan de eurocentrista. Nada nuevo. Los libros santificados por el Dios mercado y el Premio Pulitzer suelen generar esas reacciones en la comunidad científica. Aunque hay algo que nadie discute: la escritura también apareció en las Américas.

# 7

# Códice Maya

Si un día se organizara una exposición internacional de fósiles mediáticos, el famoso escriba egipcio del Museo del Louvre debería exponerse junto a la menos conocida Señora de los Libros Sagrados. Podríamos incluso imaginar una sala dedicada a las diferentes representaciones del acto de escritura. Estas obras a menudo revelan más sobre la vida de una sociedad que los propios textos, muchas veces difíciles o directamente imposibles de descifrar. La pequeña escultura de la Señora, que recién descubrí en mi tercera o cuarta visita al Museo Nacional de Antropología de México, nos permitirá meternos en una intrincada historia de heroicos soldados rusos, cronistas españoles y soberanos mayas.

## Esa mujer

La escultura que representa a una mujer con un códice en su mano derecha proviene de la isla de Jaina, un centro maya de gran relevancia durante el período clásico. Fabricada en algún lugar de las cuencas de los ríos Usumacinta o Grijalva (el color café y la fina textura del barro la delatan), en el actual estado de Tabasco, se cree que la Señora llegó a Jaina siguiendo las rutas costeras del comercio que unían a muchas comunidades mayas. Alrededor del año 900 de nuestra era un grupo familiar decidió enterrarla junto a otros objetos como parte de un ajuar funerario. Ahí mismo la encontró Agustín Delgado un milenio más tarde, cuando buscaba piezas para las colecciones del todavía sin inaugurar Museo Nacional de Antropología.

La figura representa a una noble en postura sedente con un códice en su mano derecha. Su rostro evidencia varias modificaciones corporales como la deformación craneal y las escarificaciones, esas pequeñas cicatrices decoradas en la piel que revelaban su estatus dentro de la jerárquica sociedad maya. La posición social de la Señora se refuerza por la indumentaria: un huipil, orejeras, un collar y pulseras. Al tener la mano izquierda rota, durante mucho tiempo la Señora quedó relegada en los depósitos del museo. Después de viajar al Palazzo Grassi de Venecia para una exposición, a su regreso en 2003 fue colocada en la vitrina dedicada a la escritura maya. Tiempo después, volvería a subirse al avión para visitar São Paulo y París. Los franceses se perdieron una oportunidad histórica de juntarla con el escriba egipcio que la esperaba en el Louvre.

Esta escultura nos dice muchas cosas. Los mayas consideraban la escritura un don de los dioses. La tarea de ser guardián de los libros sagrados estaba reservada a los hombres. Que una mujer se hiciera cargo de los textos era todo un reconocimiento y una demostración de poder. La inclusión del códice en la escultura es significativa. Eran símbolos de conocimiento y poder divino. La figura de una mujer portando un códice subraya su papel como intérprete de estos textos sagrados. Una especialista en la transmisión del conocimiento. La escultura de la Señora, además, esconde un secreto: es también un silbato. Según los arqueólogos, el instrumento sonaba en las ceremonias o rituales mortuorios, quizás guiando al difunto en su camino al más allá. O tal vez como medio de comunicación con los que ya estaban del otro lado. Esta combinación entre sonido, puente entre el mundo terrenal y espiritual, lectoescritura y representación del poder femenino convierten a la Señora de los Libros

Sagrados en una obra única y, por qué no, más polisémica que el silencioso escriba egipcio.

## Códices

Los pueblos indígenas de Mesoamérica escribieron sobre piedra, cerámica, madera y concha desde el tercer siglo antes de nuestra era. También utilizaron el amate, un soporte vegetal producido con la corteza del ficus y otros árboles tropicales. Cronistas españoles como Bernal Díaz del Castillo y fray Bernardino de Sahagún se sorprendieron al ver los códices, unos fabulosos textos ilustrados y plegados como un biombo realizados con amate, un material que se destacaba por su suavidad y ligereza.

Al igual que el papiro del otro lado del Atlántico, el papel de corteza se convirtió en uno de los principales soportes textuales de la sociedad maya. Los códices documentaban transacciones comerciales, genealogías, calendarios y eventos religiosos o astronómicos. De los que se conservan, solo un puñado procede del mundo prehispánico. La mayoría fueron escritos en el período posclásico, es decir, son posteriores al año 1000. Salvo el Códice Maya de México que se encuentra en la Biblioteca Nacional de Antropología e Historia, el destino colonial de los otros quedó inscripto en sus nombres: Códice de Dresde, Códice de Madrid y Códice de París.

No sabemos cuántos códices quemaron los conquistadores españoles. «Esta noche se convierten en cenizas ocho siglos de literatura maya», escribió Eduardo Galeano en *La memoria del fuego*. Fray Bartolomé de las Casas nos trae noticias de ese libricidio: «Estos libros fueron vistos por nuestros clérigos, y yo aún pude ver restos quemados por los monjes aparentemente porque ellos pensaron que podrían dañar a los indígenas en materia de religión, ya que se encontraban al inicio de su conversión». La historia de cada uno de estos cuatro códices sobrevivientes y las peripecias que los llevaron a recalar en los museos imperiales se merecen al menos una serie de Netflix. Un clásico. Las desventuras de los fósiles mediáticos americanos, asiáticos o africanos siempre terminan entrelazadas con la historia museística, las guerras académicas y los conflictos bélicos en Europa.

## Salvar al soldado Knorozov

El interés en los mayas y su compleja escritura comenzó a crecer a mediados del siglo XIX. Eruditos como Charles Étienne Brasseur de Bourbourg, redescubridor del *Popol Vuh*, el texto sagrado de los mayas escrito en lengua quiché, y Constantino Samuel Rafinesque, el primero en advertir el carácter fonético de la lengua maya, estudiaron con atención estos antiguos textos. Más de uno aspiraba a entrar en los libros de historia como el Jean-François Champollion de los trópicos. Por un momento pareció que el británico J. Eric S. Thompson ocuparía ese lugar. Su enfoque se basaba en la idea de que los mayas utilizaban los glifos principalmente para registrar eventos religiosos, lo que limitaba las posibilidades de considerarlos un sistema fonético de tipo alfabético. Para enfrentarse a los que sugerían que los glifos podrían tener un componente fonético, Thompson no dudó en ejercer un implacable control sobre la producción científica, frenando con su actitud el desciframiento de la escritura maya. Y acá entra en acción el soldado ruso.

Berlín. Mayo de 1945. El joven estudiante de egiptología Yuri Knorozov servía como observador en el 58.º Regimiento de Artillería Pesada situado a las puertas de la capital del Tercer Reich. El Ejército Rojo entra en la ciudad arrasada mientras los fotógrafos del Kremlin montan la histórica escena de la bandera con la hoz y el martillo flameando sobre un Reichstag en ruinas. Un meme comunista en toda regla.

Sigamos el relato de Michael Coe, autor de *El desciframiento de los glifos mayas* y, me animo a escribir, lector más que atento de la novela *El nombre de la rosa*:

> Fue un milagro que Knorozov haya sobrevivido a la terrible carnicería de aquel conflicto [...] El joven artillero encontró la Biblioteca Nacional en llamas. De entre los miles de libros que se consumían, logró rescatar uno del fuego. Por increíble que parezca, era la edición en un volumen de los códices de Dresde, de Madrid y de París, publicada en 1933 por los estudiosos guatemaltecos Antonio y Carlos Villacorta. Knorozov regresó a su país llevando consigo aquel viejo trofeo, junto con sus cuatro medallas de guerra.

Otra vez el fuego amenazando a los códices mayas. El mismísimo soldado Knorozov tuvo que salir en su propio rescate y aclarar el llamado Berlín Affaire. En una entrevista explicó lo sucedido durante el hundimiento del Tercer Reich. Resulta que los libros estaban en cajas preparados para ser enviados a un lugar seguro. Los bibliotecarios no tuvieron tiempo de trasladarlos, por lo que terminaron en Moscú. «Lamentablemente, se trató de un malentendido. En la biblioteca no hubo ningún incendio», aclaró Knorozov. Una lástima. La escena de la biblioteca ardiendo es tan fuerte que hasta los guías guatemaltecos se la cuentan a los turistas que visitan las ruinas mayas.

La chispa, al menos intelectual, que se había encendido en Knorozov en medio de las ruinas de Berlín fue alimentada por el profesor Sergei Aleksandrovich Tokarev después de su regreso a la madre patria. En 1947 le planteó a Knorozov un desafío: «Si usted cree que cualquier sistema de escritura producido por el hombre puede ser leído, ¿por qué no trata de descifrar el sistema maya?». El veterano soldado se puso manos a la obra. Pero la Guerra Fría le pasó factura. Si Knorozov propuso que los glifos representaban sílabas y no solo ideas, el británico Thompson no tardó en desestimar sus trabajos y tildarlos de especulativos, lo que provocó una polarización en la comunidad científica que tardaría años en resolverse. A pesar de la oposición inicial de los académicos occidentales, el trabajo de Knorozov terminó siendo aceptado. La interpretación de los glifos mayas parecía moverse en la buena dirección.

El soldado Knorozov no fue el único que tuvo que remar a contracorriente. Tatiana Proskouriakoff, otra brillante académica rusa que además de autodidacta era mujer y debía abrirse paso a codazos en un mundo dominado por arqueólogos, etnógrafos y epigrafistas, se sumó al desafío. Al detectar ciertos patrones en los glifos descubrió que las inscripciones no eran solo registros religiosos o calendarios. Esos signos grabados en las piedras documentaban la historia dinástica de los soberanos mayas. Como Georg Friedrich Grotefend, Proskouriakoff apostó a las series de gobernantes. Y ganó.

Los fósiles mediáticos nos cuentan historias. La escultura de la Señora de los Libros Sagrados nos podría decir mucho sobre la captura, mutilación, tortura y ejecución de escribas enemigos durante las guerras entre comunidades mayas. O relatarnos la rebelión del escritor, traductor y profeta Chilan Couoh, quien en 1567 rechazó las enseñanzas españolas para promover un regreso a las formas tradicionales de escritura y religión mientras recolectaba los viejos códices para salvarlos del purificador fuego cristiano. Algún día, después de un par de guerras, quizás también logremos descifrar su silbido.

# Tiempo

Tarde o temprano los grandes imperios se derrumban. La caída de Roma en el siglo V marcó el inicio de la Edad Media. Europa se fragmentó y surgió una nueva forma de organización: el sistema feudal. Está escrito en todos los libros de historia. Como no podemos prever el futuro, a los sapiens nos encanta tener bajo control el pasado, bien organizado en ciclos, períodos y edades. La costumbre de dividir la historia en rebanadas (Antigüedad, Edad Media, Renacimiento, Edad Moderna) ha sido cuestionada por historiadores imprescindibles como Jacques Le Goff, quien propuso una «larga Edad Media» que se extendería hasta la Revolución francesa. De Roma a París, trece siglos sin escalas.

En la Edad Media el tiempo transcurría como si no fuera a terminar nunca. Lejos de ser un período oscuro e inerte, fue una época de grandes transformaciones. Si en el campo la rotación de cultivos y el arado de vertedera mejoraron la productividad, la introducción del estribo y el redescubrimiento de la ballesta revolucionaron la guerra. Los molinos de agua y viento facilitaron la molienda y la fabricación de papel. También se inventaron el reloj mecánico y los anteojos. Y gracias al astrolabio el comercio marítimo se expandió. Pero no hay que olvidar que en esa época de santos, brujas y milagros la principal tecnología era la cruz. Amén.

Durante la Edad Media el libro manuscrito alcanzó su máximo esplendor. Su producción se volvió tan especializada que dio origen a nuevos oficios. En el siglo XIII san Bonaventura distinguía cuatro profesiones: el copista (*scriptor*), que transcribía sin agregar; el compilador (*compilator*), que ordenaba textos ajenos; el comentador (*commentator*), que explicaba y ampliaba; y el autor (*auctor*), que escribía desde su saber y citaba a otros para confirmar. Estas cuatro funciones sintetizan la modalidad escolástica de producción, conservación e interpretación del conocimiento. Así como hay religiones del libro, también hay saberes del libro.

# 8

## *Les Très Riches Heures*

Los fósiles mediáticos casi nunca establecen un vínculo directo con el presente. Para reconstruir su historia a menudo hay que abrirse paso zigzagueando por la línea temporal, dando saltos de un año a otro como si estuviéramos viajando en una versión destartalada de la máquina del tiempo de H. G. Wells. Podemos entrar en la historia de este fósil en 1385, 1411, 1855, 1884 o 2001. Allá vamos.

### 1855

«Tan pronto como el duque de Aumale decidió regalar todos sus tesoros a Chantilly y a la nación francesa, se unió, con más entusiasmo que antes, a las filas de los grandes coleccionistas europeos, y asistía con frecuencia a importantes ventas en Londres, París y otros lugares», nos cuenta Louise M. Richter en *Chantilly in History and Art.* Bibliófilo empedernido, el duque de Aumale (1822-1897) no reparó en gastos a la hora de incrementar su patrimonio bibliográfico. Entre otras adquisiciones, se hizo con la célebre Biblioteca Standish, una colección de incunables italianos y alemanes perteneciente al último rey de Francia. El duque de Aumale siempre estaba en busca del manuscrito perdido.

En 1855 llegó al duque el rumor de que en Italia se había puesto a la venta un manuscrito único de incalculable valor histórico. El susurro provenía de una fuente confiable, nada menos que de Antonio Panizzi, el bibliotecario principal del Museo Británico. El duque no dudó y partió rumbo al golfo de Génova. Al ver por primera vez *Les Très Riches Heures* en Villa Pallavicini no pudo menos que asombrarse. El volumen, encuadernado en cuero rojo y estampado con ornamentos del setecientos, escondía una joya ilustrada del siglo XV. Tratando de contener su emoción para evitar que le subieran el precio, el duque comenzó a pasar con frialdad las páginas cubiertas con exquisitas miniaturas en las cuales no tardó en identificar la torre de Vincennes y unas viejas vistas de París. También reconoció el escudo de armas del duque de Berry e incluso un retrato del mismísimo señor. Y así fue como el duque de Aumale, después de pagar veinte mil francos de oro, se hizo con *le roi des manuscrits enluminés* ('el rey de los manuscritos iluminados').

¿De qué libro se trataba? ¿Cómo había llegado a Italia esa maravilla medieval? Cuatro décadas más tarde, Leopold Delisle logró desentrañar el largo viaje de *Les Très Riches Heures*.

2001

En su prefacio a *Les Très Riches Heures*, Umberto Eco escribe que es «una fuente única de información sobre la vida material y social, la moral, las costumbres y las preferencias estéticas de la época en cuestión». Frente a sus páginas el Eco semiótico se vuelve indistinguible del Eco medievalista. Las miniaturas del calendario brindan pistas sobre cómo se trabajaba la tierra en cada estación, las herramientas que se utilizaban, la vida de agricultores y pastores, el cultivo de los campos o el diseño de los jardines. También nos hablan de gastronomía, arquitectura y devoción. Signos de la vida medieval.

Los libros de las horas habían nacido en el siglo XII. Fueron muy populares en Francia y los Países Bajos. Pequeños, transportables, escritos en lengua vernácula y delicadamente ilustrados, eran considerados un objeto de distinción muy demandado por las clases altas. Inspirados en las horas canónicas de los monasterios que regulaban los rezos y plegarias, su uso era promovido tanto por los franciscanos como por los dominicos. *Les Très Riches Heures* estaba escrito en latín e ilustrado a medida de un lector que amaba el arte y no tenía limitaciones económicas. Palabras mayores.

Veamos una página del libro. La imagen correspondiente al mes de marzo nos muestra el inicio de la primavera y la explosión del trabajo rural después del invierno. En primer plano, un campesino trabaja la tierra con un arado normando o de vertedera. En los siglos precedentes la producción agrícola había incorporado una serie de tecnologías, como el molino hidráulico, que permitieron aumentar la producción y reducir las hambrunas. El arado normando, una innovación germánica mucho más liviana que el clásico arado romano, era una de esas invenciones. Este arado hacía surcos más profundos, facilitaba la retención de la humedad y prevenía la erosión del terreno. Más atrás, un par de campesinos prepara un viñedo, y más allá otro alimenta unos corderos. También la arquitectura está presente en *Les Très Riches Heures.* Castillos, iglesias y monasterios forman el *skyline* de los doces meses que conforman el calendario. El mes de marzo no es una excepción. Al fondo de la página se perfila el castillo de Lusignan, una de las propiedades del duque. Vida cotidiana, leyendas, trabajo, clases sociales, poder. Todo el universo medieval, en una única página.

1411

Algunos personajes y otros detalles de las miniaturas llevan a pensar que los hermanos Paul, Herman y Jehanequin Limbourg trabajaron en *Les Très Riches Heures* entre 1411 y 1416. Treinta años más tarde, el pintor flamenco Barthélemy d'Eyck retomará la decoración del manuscrito y finalizará las páginas del calendario. Entre 1485 y 1489 Jean Colombe completó el manuscrito en la corte de los Saboya. No solo las técnicas de iluminación delatan a los autores. Detalles como el realismo de las imágenes, el juego de luces y sombras o la vestimenta de los personajes sirven para datar cada intervención. El estilo es la fecha.

Según el escritor argentino Ricardo Piglia los cuentos siempre cuentan dos historias. *Les Très Riches Heures* nos cuenta muchas más. Nos habla de la maestría de los hermanos Limbourg, pero también nos transmite la historia del duque de Berry, su riqueza, gusto exquisito y cristiana devoción. *Les Très Riches Heures* también puede ser visto como un manual de la vida en el Medioevo. O un inventario de los castillos del duque. Para el historiador del arte, es un desafío. ¿Cuándo fue realizada cada una de las imágenes? ¿Cuáles son sus influencias iconográficas? ¿Quién hizo qué dentro de esta obra? El manuscrito también nos cuenta su historia material. *Les Très Riches Heures* es un libro incompleto, tiene páginas sin las clásicas iniciales decoradas e incluso en algunas solo se muestran las líneas de encuadre para futuras miniaturas y textos que nunca llegarán. Un volumen polifónico donde varias manos dejaron su marca. Según Umberto Eco, el libro también es un monumento en honor al taller de los Limbourg.

## ¿1385?

Se supone que Paul, Herman y Jehanequin eran sobrinos de Jean Maoluel, pintor de la corte de Borgoña, y como él provenían de Limbrycht, un lugar antes conocido como Lymborch, o sea Limbourg. De ahí el nombre con el que han pasado a la historia: los hermanos Limbourg. Pero hay que desconfiar de los datos. Se cree que el hermano mayor, Herman, nació en 1385; Paul, en 1386 o 1387, y Jehanequin quizás en 1388. Según otras versiones, Paul era el mayor. Algunos documentos sitúan a Paul y Jehanequin trabajando en una Biblia para Felipe II de Borgoña a comienzos de 1402 y, siempre según fuentes que se contradicen entre sí, en 1411 habrían entrado al servicio del duque de Berry. Es casi seguro que los tres hermanos Limbourg pasaron a mejor vida en 1416, el mismo año en que murió el duque de Berry. No fue una coincidencia. Fue la peste.

Esta muerte masiva y súbita explicaría que *Les Très Riches Heures* quedara inconcluso y que, en los años sucesivos, otros artistas dejaran la impronta de su arte en las delicadas páginas de vitela. Según Franz Hattinger, las imágenes de Paul, Herman y Jehanequin destacan por «un deslumbrante diseño arquitectónico en ciertas hojas del calendario, la coherencia lógica en el diseño de otras composiciones», sin olvidar «los retratos delicadamente ejecutados» que alcanzan a delinear su «profunda e intuitiva psicología». En las miniaturas de los hermanos Limbourg, la tradición flamenca se combina con la estética de los artistas de la corte parisina y los maestros sieneses como Pietro Lorenzetti. En sus imágenes «Dios no solo aparece como una verdad revelada, sino también en las cosas», escribe Hattinger en *The Duc de Berry's Book of Hours*.

## 1884

Leopold Delisle fue un historiador, paleógrafo y bibliógrafo que dirigió la Biblioteca Nacional de Francia durante treinta años. Si alguien sabía de textos antiguos y escrituras, ese era Delisle. En 1884 asumió la tarea de reconstruir el origen de *Les Très Riches Heures*. Siguiendo los métodos del chevalier Auguste Dupin, Delisle comenzó por el único dato seguro que tenía: el escudo de armas y el retrato del duque de

Berry. Delisle fue a los archivos y se sumergió en su interminable lista de propiedades —el duque era el feliz propietario de dieciséis castillos— y, sobre todo, miró con lupa de detective sus inventarios.

Como anticipando el movimiento que llegaría a su punto de eclosión máximo entre los siglos XVII y XVIII con las *Wunderkammern*, el duque de Berry fue un gran coleccionista que montó su propio gabinete de curiosidades en pleno Medioevo. Su museo de maravillas incluía desde piezas de gran valor artístico hasta objetos cotidianos poco menos que inservibles. También poseía unicornios, medallas antiguas, esculturas, plantas raras, fósiles, un salmo de san Juan escrito en un pergamino grande como una moneda, un diente de leche de la Virgen María y el anillo matrimonial de José. El duque de Berry era un enciclopedista *avant la lettre*.

En un inventario secundario Delisle encontró lo que buscaba. La descripción no dejaba lugar a dudas: «Una caja conteniendo una serie de hojas pertenecientes a un precioso libro de oraciones que Paul y sus hermanos hicieron y decoraron profusamente con miniaturas. Valuado en 500 libras». Algo llamó la atención de Delisle. El precio. Quinientas libras por unas pocas hojas sueltas y sin terminar eran demasiadas si tenemos en cuenta que una libra francesa equivalía a casi medio kilo de plata. Ni siquiera un lujoso libro encuadernado podía alcanzar esa cifra. El albacea del duque de Berry era consciente del valor artístico de esas piezas sueltas de pergamino. La mirada entrenada de Delisle comprendió que no solo las descripciones del inventario coincidían con las imágenes. Descubrió también que algunas ilustraciones de *Les Très Riches Heures* habían sido realizadas o completadas por otros miniaturistas, aunque la parte más significativa sin duda era obra de los geniales hermanos Limbourg.

1416

A pesar de que la incipiente burguesía comenzaba a desafiar los poderes feudales, la peste campaba a sus anchas y la guerra de los Cien Años ensangrentaba a Francia e Inglaterra, los hermanos Limbourg hallaron la paz necesaria para expresar un arte europeo, hijo único de varias tradiciones continentales. En su época fueron reconocidos como grandes maestros especializados en la creación de manuscritos iluminados. Hoy se les recuerda como los Rembrandt del Medioevo.

# Innovación

La capacidad de innovar de los sapiens está mal distribuida. En ciertas épocas y lugares, las ideas se disparan; en otras, la vida sigue igual durante miles de años. Hasta el siglo XV China era quizás el mayor centro de innovación de la humanidad, mucho más que el mundo islámico o Europa. Además del papel y la pólvora, las compuertas para canales, el hierro fundido, las técnicas de perforación profunda, las cometas, la brújula, el timón de popa y la carretilla son invenciones chinas. Muchas de ellas llegarían a Europa a través de los comerciantes árabes.

Cuentan las crónicas que al caer derrotado el ejército chino en la batalla del río Talas, los árabes descubrieron que algunos prisioneros conocían las técnicas de fabricación del papel. Como rusos y estadounidenses al finalizar la Segunda Guerra Mundial, los vencedores se llevaron a estos enemigos derrotados a Samarcanda para que pusieran en marcha la producción local. Siguiendo la Ruta de la Seda, las fábricas de papel aparecieron en Bagdad en 793 y de ahí pasaron a Egipto. El papel se difundiría desde al-Ándalus al resto de Europa entre los siglos X y XI.

Hasta el viaje de Cristóbal Colón las brújulas europeas apuntaban hacia el este. En pleno Medioevo, el veneciano Marco Polo había regresado del Lejano Oriente cargado de relatos maravillosos y algunas verdades. La historia de Asia oriental era la historia de China y su área de influencia: Japón, Corea y parte de la India. Hacia allá miraban los comerciantes, los reyes y los jesuitas. Como Marco Polo, en el próximo capítulo viajaremos a Oriente para visitar el fósil mediático que ha contribuido a desmontar uno de los relatos más eurocéntricos de la historia: el descubrimiento de la imprenta de tipos móviles por Johannes Gutenberg en el siglo XV.

# 9

# *Jikji*

Cada tanto se encuentra un fósil que hace explotar por los aires una teoría. Los fósiles se desentierran y se les coloca, a veces de manera forzada, en los modelos científicos ya conocidos. Pero cuando aparece una pieza que no encaja en las taxonomías ni en las salas de los museos, las estanterías comienzan a tambalear. Algo por el estilo pasó con los restos del mosasaurus, un reptil marino gigante considerado por los naturalistas una ballena dentada desconocida hasta que Georges Cuvier logró convencer a sus colegas de que se trataba de una especie extinta, algo impensable para los marcos mentales del siglo XVIII. Un fósil puede destruir un relato repetido como un mantra en las aulas durante décadas o siglos.

Hay un hecho clave en la historia de la comunicación humana: la invención de la imprenta por parte de Johannes Gutenberg a mediados del siglo XV. La biografía de Gutenberg podría ser la de cualquier emprendedor de Silicon Valley. Un artesano inquieto, un comerciante nato, un orfebre que pasó de labrar pequeños sellos metálicos con imágenes sagradas, que luego imprimía sobre papel y vendía a los peregrinos en busca de la salvación, a crear una máquina para reproducir mecánicamente textos utilizando tipos móviles metálicos.

El emprendedor de Maguncia no solo escaló la producción de libros. Tal como se viene repitiendo desde hace cinco siglos, marcó un antes y un después de la vida cultural del *Homo sapiens.* Según explica Marshall McLuhan en el clásico *La galaxia Gutenberg,* la multiplicación de los libros transformó Occidente, ya sea promoviendo conflictos religiosos donde la libre interpretación de la Biblia ocupaba un lugar central de los debates, acelerando los descubrimientos científicos o consolidando una subjetividad moderna sintetizada en el «pienso, luego existo» de Descartes. La invención de la imprenta ha sido paragonada con la aparición de la escritura o de Internet, la «imprenta del siglo XXI», como la definió el filósofo Alejandro Piscitelli. Pero siempre puede aparecer un fósil mediático que hace entrar en crisis las historias oficiales.

## Comprender el alfabeto

Desde los tiempos antiguos la humanidad ha utilizado soportes duros para imprimir sobre materiales blandos. En Mesopotamia, los sellos cilíndricos, hechos de piedras preciosas como el lapislázuli, se utilizaban hace 6.000 años para imprimir sobre la arcilla motivos simbólicos, representaciones divinas y, muchos años más tarde, textos escritos en cuneiforme. En China los sellos estaban presentes desde que la dinastía Shang gobernó el imperio entre los siglos XVI y XI antes de nuestra era.

No es casual que las primeras formas de impresión textual provengan del Lejano Oriente. Cuatrocientos años antes de Gutenberg, alrededor del 1040, Bi Sheng creó una imprenta de tipos móviles de porcelana. También utilizaron la madera para reproducir ideogramas. Ahora bien, si los chinos inventaron el papel, la imprenta y los tipos móviles, ¿por qué no se vivió en China un desarrollo científico y filosófico similar al que se dio en Occidente? O, en otras palabras, ¿por qué la imprenta china no tuvo los efectos disruptivos que sí tuvo en Europa? La respuesta hay que buscarla en otra tecnología creada por los sapiens.

El poder del alfabeto reside en su simplicidad. Con un puñado de signos se puede construir toda una literatura. Según el lingüista británico David Diringer, ningún sinólogo conoce los 80.000 ideogramas chinos. Tampoco resulta fácil memorizar los 9.000 símbolos que emplean normalmente los eruditos chinos. Marshall McLuhan y su discípulo Robert K. Logan detectaron que a la imprenta oriental le faltaba un componente fundamental: la escritura alfabética. «La imprenta de tipos móviles fue, en sí, el mayor adelanto en la historia de la escritura fonética, del mismo modo que el alfabeto fonético fue el punto de ruptura entre el hombre tribal y el individualista», escribiría McLuhan en otro de sus clásicos, *Comprender los medios de comunicación.*

Después de perder la primacía de los tipos móviles frente a los chinos, los historiadores europeos le seguían otorgando a Johannes Gutenberg el mérito de haber creado los primeros caracteres metálicos, un sistema mucho más preciso y duradero que los ideogramas de madera o porcelana que empleaban los impresores orientales. Hasta que apareció un fósil mediático que volvió a cambiar la historia. ¿Un complot contra Gutenberg?

## *Jikji*

Las relaciones de amor, odio, respeto y desprecio entre China, Corea y Japón son milenarias. Al igual que en China, durante siglos en Corea se reprodujeron textos religiosos e históricos utilizando técnicas xilográficas o caracteres móviles de porcelana o madera. Todavía hoy se conservan en Corea muchas planchas de cobre con obras religiosas, como el *Tripitaka,* que fueron reproducidas cientos de veces para asegurarse la protección de Buda. Se cree que fue Choe Yun-ui, un ministro civil coreano que vivió en el siglo XIII, quien imprimió veintiocho copias con tipos móviles metálicos del *Sangjeong Yemu* (*Código auténtico y detallado de la eti-*

*queta*), un texto escrito por el maestro budista Baegun Hwaseng. Incluso se dice que unos años antes Choe Yun-ui había impreso otra obra con caracteres metálicos, el *Himno del monje Cheon en homenaje al Buda*. De ambas obras solo se han conservado reimpresiones posteriores. También en la evolución mediática hay eslabones perdidos.

El primer libro impreso mediante caracteres móviles metálicos que llegó hasta nuestros días es el segundo volumen del *Jikji simche yojeol* (*Identificación del espíritu de Buda mediante la práctica del zen*), impreso en el templo Heungdeok en Cheongju durante la séptima luna del año 1377 y conservado en la Biblioteca Nacional de Francia. Además de estos datos sobre su impresión, en la última página del *Jikji* se indican los nombres de los dos discípulos que colaboraron en su edición, Seokchan y Daldam, así como una persona encargada de las finanzas: la monja Myodeok. Parecería que no solo Johannes Gutenberg era un endeudado emprendedor.

Fue el diplomático Collin de Plancy quien llevó el *Jikji* a Francia a finales del siglo XIX. A su muerte, fue subastado y pasó a formar parte de la biblioteca del coleccionista Henri Beber, quien lo compró por 180 francos. En su testamento, Beber lo donó a la Biblioteca Nacional, donde continúa archivado a pesar de las insistentes y justificadas reclamaciones coreanas. Durante buena parte del siglo pasado nadie se percató de la existencia del *Jikji* hasta que lo redescubrió Minje Byeong-Seon Park, una investigadora coreana que trabajaba en la biblioteca. En 1972, con motivo de la exposición «Livre» auspiciada por la Unesco, este fósil mediático salió a la luz y fue exhibido por primera vez en público.

¿Cómo fue el pasaje de los caracteres de madera al metal? Según Byeong-Seon Park, «parece que esta técnica arranca de la tradición de moldeado de las campanas budistas en bronce». La composición metálica de esos tipos era similar a la de las monedas de la época, lo que confirma que las mismas técnicas fueron aplicadas para la fabricación de los caracteres móviles. Campanas, monedas, tipografías. Las aleaciones y las técnicas de fundición pasaban de un taller a otro, entre artesanos, de padres a hijos. El *Jikji*, hay que decirlo, es el resultado de un trabajo artesanal realizado en un templo donde los métodos estaban poco perfeccionados. No todo el libro está impreso con caracteres metálicos. Aquí y allá aparecen las huellas de algunos tipos de madera, lo cual nos habla de un período de carestía y escasos recursos. Los fósiles mediáticos siempre nos cuentan otras historias.

## Convivencia tecnológica

Los tipos móviles metálicos nunca pudieron terminar de reemplazar a las xilografías ni a los caracteres de madera o porcelana. Un año después de imprimir en metal el *Jikji*, el mismo Seokchan se encargaría de producir nuevas versiones xilografiadas en madera. Byeong-Seon Park cree que esta supervivencia de la tecnología anterior se debe a que la impresión con caracteres metálicos suponía «un trabajo largo y laborioso que producía tan solo unas pocas páginas al día. En cambio, la xilografía, técnica de impresión dominada desde hacía mucho tiempo atrás, era más rápida y eficaz. La tipografía fue reservada, paradójicamente, a las obras de poca importancia, de 100 a 300 copias». Todas estas tecnologías de reproducción, desde la xilografía hasta los tipos móviles de madera, porcelana o metálicos, convivieron en Corea durante siglos. La impresión con caracteres metálicos nunca se detuvo.

A comienzos del siglo XV se reactivó el *Jujaso*, la fundición nacional de tipos móviles. Relatan las crónicas del rey Taejong:

> En el tercer año del rey Taejong, en 1403, el rey pensó con tristeza que existían pocos libros impresos. Fundó entonces una institución para fabricar caracteres e imprimir libros. Encargó a algunos oficiales la realización del trabajo y el me-

tal fue suministrado por el Gobierno [...] Los libros impresos en tablas de madera son casi siempre imperfectos y, además, es muy difícil imprimir en su integridad todos los libros existentes. Así pues, yo ordeno que los caracteres sean hechos en bronce y que todos los libros, sin excepción, sobre los cuales pondré mi mano, sean impresos para perpetuar la tradición. Esto será una bendición para nosotros, para siempre. Sin embargo, los gastos no deben recaer sobre los impuestos del pueblo. Yo, mi familia y los ministros lo sostendremos financieramente.

Larga vida al rey Taejong.

## El alfabeto ausente

Como bien explican McLuhan y Logan, el alfabeto era la pieza clave que garantizó el éxito de la máquina de Johannes Gutenberg. El mérito de este emprendedor del Rin Valley fue reunir en una única interfaz un conjunto de tecnologías materiales y cognitivas ya existentes. Si en Oriente los impresores tenían que lidiar con miles de ideogramas —no importa si eran de madera, metal o porcelana— para montar los textos en la caja y poder reproducirlos mecánicamente, a Gutenberg le bastaba recombinar hasta el infinito unas pocas letras. Lo más fabuloso de esta historia que les estoy contando está a punto de llegar. Si en Occidente tenían a disposición varios alfabetos y su incorporación a la imprenta fue un proceso descontado, los coreanos tuvieron que inventarlo para perfeccionar sus procesos de impresión.

Cuentan las crónicas que «el deseo del rey Sejong de estimular el saber y el estudio lo llevó a buscar una manera de imprimir textos con mucha mayor rapidez. Con este objetivo, puso todos los medios al alcance para crear una nueva escritura». Un grupo de ocho intelectuales tardó casi cuatro años en completar su tarea. En 1446 Sejong promulgó un alfabeto de 28 letras hoy conocido como *Hangeul* (Gran escritura) pero que en su época recibió otros nombres: *Eonmun* (escritura vulgar), *Achimgeul* (escritura de una mañana) o *Amgeul* (escritura de mujer). El *Hangeul* era en realidad un sistema mixto, mitad alfabético y mitad silábico, que sintetizaba aportes de varias escrituras asiáticas. A pesar de sus ventajas tuvo que pasar mucho tiempo para que fuera aceptado por las conservadoras clases dirigentes coreanas. Política e imprenta, un binomio indestructible.

Entre los siglos XV y XVII florecieron las fundiciones tipográficas en Corea. Muchos maestros crearon sus propios caracteres, trasladando al metal un milenario *know-how* caligráfico. Cuando las fuerzas japonesas invadieron la península en 1592, lo primero que hicieron fue requisar todos los caracteres móviles, libros y artesanos para desarrollar sus propias imprentas. A partir de ese momento, las tipografías coreanas entraron en declive. Según cuenta Byeong-Seon Park, «no se utilizó más el metal para fabricar caracteres móviles, sino la madera, por ser el único recurso disponible en aquella época». Recién en el siglo XVIII, con la retirada de los invasores, se retomó a pleno ritmo la actividad impresora. Política, guerra e imprenta, un trípode inquebrantable.

Minje Byeong-Seon Park murió a los ochenta y tres años en un hospital de París. Sus restos descansan en el Cementerio Nacional de Seúl, donde es considerada una heroína nacional. Creyente hasta el final, donó nueve cajas de libros a la biblioteca de la Universidad Católica de Incheon.

# Creer

Al hablar de los neandertales mencionamos la posibilidad de que hubieran desarrollado alguna forma de pensamiento religioso. Para el antropólogo Agustín Fuentes, la creencia es la capacidad más prominente, prometedora y peligrosa de la humanidad. Creer implica combinar recursos cognitivos, experiencias, historias e imaginación para proyectar una idea y comprometerse con ella como si fuera real. Somos *sapiens*, por lo tanto creemos.

Durante la Edad Media, el cristianismo fue el gran eje vertebrador de Europa. La Iglesia dominaba la vida espiritual y extendía su influencia sobre la educación, el arte y la cultura. Los monasterios eran centros de conservación del saber. Allí se copiaban manuscritos y se perpetuaban las verdades fundacionales de la cristiandad. Las historias de la Biblia se contaban a través de sermones, vitrales, frescos y códices iluminados en los *scriptorium* monásticos. Un relato transmedia.

En el Mediterráneo, el cristianismo coexistió con el mundo islámico en un contexto de fricciones e intercambios. Las rutas comerciales de las especias, seda, papel y metales conectaban los puertos de Venecia y Génova con centros árabes como Bagdad, El Cairo y Córdoba. La presencia musulmana en la península ibérica durante casi ocho siglos generó una convivencia forzada con cristianos y judíos que marcó a las tres culturas. Además de sus propios aportes en álgebra, astronomía, medicina y filosofía, el mundo árabe preservó obras de Aristóteles, Galeno y Euclides que retornaron a Europa a través de al-Ándalus y Sicilia. Pese a las tensiones, ese contacto consolidó un tejido intelectual sin el cual el Renacimiento no habría sido posible. El próximo fósil proviene de esa trama de frontera y está bordado con los hilos de la devoción. Ver para creer.

10

# Tapiz de la Creación

Anni Albers fue diseñadora textil y tejedora en la Bauhaus, la mítica escuela de diseño y «cofradía de artesanos» fundada por Walter Gropius en 1919. En *El trabajo como material*, Albers diferencia entre objetos que usamos para solucionar nuestras necesidades prácticas y objetos que satisfacen nuestras necesidades espirituales: «Tenemos cosas útiles y cosas bellas: utensilios y obras de arte». En las viejas civilizaciones no existía esa clara separación. El Tapiz de la Creación de Girona entra en esa categoría. Es un objeto útil y bello, una obra de alto valor espiritual que al mismo tiempo transmite un conocimiento práctico. «Las circunstancias me llevaron a los hilos y ellos me persuadieron. Aprendí a escucharlos y a hablar su lenguaje», decía Albers. Nosotros también podemos dejarnos persuadir por los hilos y escuchar lo que tiene para contarnos el Tapiz de la Creación.

## Génesis

El Tapiz de la Creación de Girona es una de las obras textiles más enigmáticas y deslumbrantes del románico europeo. Realizada a fines del siglo xi, esta pieza no es un tapiz en sentido estricto —no está tejido, sino bordado sobre una base de lana— y se cree que fue concebido para ser exhibido durante las celebraciones religiosas. El tapiz, con Cristo en el centro como figura ordenadora del universo, representa el cosmos medieval. A su alrededor, la Rueda de la Creación. En la parte superior, una paloma entre ángeles; en los laterales, la creación de los cielos y la separación de las aguas, y en la parte inferior, la creación de Eva y más allá Adán nombrando a las criaturas. La Rueda está enmarcada por un campo rectangular dividido en secciones. Arriba, la figura de *Annus* (el Año) preside la composición, acompañada por las estaciones. En los extremos se hallan figuras como Sansón y, posiblemente, Hércules. Los meses, comenzando por febrero, representan escenas de trabajos agrícolas. Se trata de un motivo que ya hemos visto en *Les Très Riches Heures*. En las esquinas los vientos cardinales soplan cuernos. En el borde inferior se encuentra un fragmento con escenas de la Leyenda de la Cruz. El estilo es diferente. Los expertos dudan. Como en las páginas de *Les Très Riches Heures*, cada mano que intervenía en el tapiz dejaba su propia firma.

El conjunto combina la forma circular (símbolo de lo eterno) con un marco cuadrado (símbolo del tiempo y lo terrenal). Esta geometría refuerza el mensaje de un universo armónico emanado del Verbo Divino y regido por el doble tiempo humano y cósmico. Cada figura e inscripción participa en una sinfonía de imágenes bordadas que, al mismo tiempo, instruye, sorprende e invoca el orden sagrado del mundo. El tapiz es algo más que una pieza litúrgica. Es una narración visual del tiempo, la creación y la salvación donde lo humano, lo natural y lo eterno se entrelazan. Contemplar este tapiz es como asomarse a una forma diferente de pensar el universo, un mundo donde el tiempo era cíclico y la historia tenía un sentido divino. Como cualquier texto, el tapiz construía a su lector. No cualquier espectador era capaz de leer un conjunto tan denso de imágenes que se deslizaban por múltiples niveles interpretativos.

Un camino —otro hilo— serpenteante une las calas de la Costa Brava. Estos senderos, conocidos como caminos de ronda, nacieron como veredas militares que enlazaban torres y atalayas para vigilar la costa, organizar defensas y, llegado el caso, disponer la evacuación de las poblaciones del litoral. La fragmentación política, las fronteras inestables y los intensos intercambios comerciales generaron un contexto demasiado tentador para los piratas que operaban desde sus bases en Baleares, Provenza o el Magreb. Durante el Medioevo los principales centros cristianos se ubicaron lejos de las playas mediterráneas. Si las costas eran vulnerables a las incursiones, los valles y montañas del Pirineo ofrecían protección natural y garantizaban la tranquilidad que requería la vida monacal. Tras la conquista islámica del siglo VIII, los núcleos cristianos se replegaron al norte, hacia la llamada Marca Hispánica, un territorio que servía de colchón entre el Imperio carolingio y al-Ándalus. Fue ahí donde se fundaron monasterios que no tardaron en convertirse en focos de difusión religiosa y cultural.

Enclaves como Vic, Girona o Ripoll fueron reconocidos centros de producción de manuscritos. De ahí surgieron piezas únicas como la *Biblia de Ripoll*, una de las obras más reconocidas del románico catalán. Realizada en el siglo XI en el *scriptorium* del monasterio de Santa Maria de Ripoll, se trata de una biblia iluminada de gran formato y riqueza iconográfica. Sus 465 folios incluyen más de 300 miniaturas a página completa con escenas del Antiguo y Nuevo Testamento. Algunas de estas escenas inspiraron a los *picapedrers* que esculpieron los magníficos relieves del portal de la iglesia del monasterio. Más que una Biblia, la de Ripoll es un compendio ilustrado de la vida medieval.

El mismo espíritu enciclopedista está presente en el Tapiz de la Creación. Al integrar cosmología, antropología, tiempo litúrgico y teología en una única trama de hilos y bordados, el tapiz se presenta como una enciclopedia visual del universo cristiano medieval. Sus bordados comparten con la *Biblia de Ripoll* el deseo de integrar el orden divino y el natural.

### La mano que borda y escribe

El tapiz se habría bordado hacia 1097, posiblemente para celebrar un evento político o religioso de gran importancia, acaso la confirmación del joven conde Ramon Berenguer III como *Dux Catalanensis*. La hipótesis más aceptada es que el tapiz fue recamado por una comunidad de mujeres en Girona, quizás en el monasterio de Sant Daniel. Queda abierta la posibilidad de que se realizara no lejos de Girona, en Ripoll o Vic, donde no se descarta que existieran talleres de bordado. Un hilo no tan invisible unía la liturgia productiva de manuscritos con el devoto bordado de tapices.

Recordemos las palabras de san Bonaventura en el siglo XIII. Hacer un libro significa poner en práctica diferentes tareas y profesiones: *scriptor*, *auctor*, *compilator* y *commentator*. A cada uno de estos roles corresponde una facultad de la mente o una función corpórea. Según el medievalista italiano Franco Alessio, *scriptor*, *auctor*, *compilator* y *commentator* eran «la mano que transcribe, el intelecto que ha expuesto el saber en el texto, la inteligencia que lo condensa y lo ordena, y finalmente el comentario que lo penetra». Palabras más, palabras menos, la misma serie podría describir la producción del Tapiz de la Creación, lo más parecido a un códice iluminado con hebras coloreadas.

Recamado sobre una base de lana con hilos rojos, verdes, ocres y azules, el tapiz fue modelado con la técnica del *punt de figura* o *acupictus*. Su restauración ha revelado hasta 265 intervenciones posteriores en la tela original, lo que da cuenta de un uso prolongado y del valor conferido a esta pieza a lo largo de los siglos. De la misma manera que los *commentatores* releían los textos clásicos y agregaban sus propias palabras en los márgenes de los códices, estas intervenciones sobre el tapiz mantenían su mensaje vivo y lo preservaban para las futuras generaciones. Pero podemos ir más allá. Bordar también era una forma de meditar, orar, interpretar. Con sus manos, estas mujeres contribuyeron a crear el mismo universo que los monjes copiaban en el pergamino. A fin de cuentas, la mano que transcribía en el *scriptorium* no era muy diferente a la que bordaba la tela en la *officina*.

## Ordenar el universo

Uno de los elementos más sugerentes del tapiz es su manera de representar el tiempo. Al tiempo bíblico de los siete días de la Creación se suma el tiempo de las estaciones, los meses y figuras como *Annus*, Sol, Luna y los vientos. Como escribe Vincent Debiais en *El Brodat de la Creació*, esta estructura refleja «una voluntad de ordenar el universo visible a partir del lenguaje sagrado». La parte inferior incluye escenas de la Invención de la Santa Cruz y tiene a la emperatriz Helena como protagonista. Algunos estudiosos sugieren que esta figura alude a Mafalda de Apulia, madre de Ramon Berenguer III, lo que reforzaría un mensaje político inspirado en la legitimidad del linaje familiar. El tapiz, así, conecta al espectador medieval con la historia divina, el ciclo de la naturaleza y el orden del poder terrenal. Otro investigador, Carles Mancho, lo definió en términos digitales: «El Tapiz de la Creación es un disco duro con la memoria del siglo xi». *Plug and pray*.

## El tiempo monástico

A mediados del siglo xi el monasterio de Ripoll bullía de actividad intelectual. Bajo la influencia del abad Oliba, una figura clave de la reforma eclesiástica y cultural, el *scripto-*

*rium* de Ripoll se había convertido en un faro del conocimiento cuyas luces fulguraban más allá de los Pirineos. Allí se copiaban desde textos religiosos hasta tratados de astronomía, geometría y cosmología que llegaban desde al-Ándalus y de todos los rincones del Imperio carolingio.

Entre los códices que circulaban en Ripoll estaba el *De temporum ratione* de Beda el Venerable, una obra clave para comprender el cálculo del tiempo litúrgico. ¿Pudo ese conocimiento haber enfilado su camino hasta Girona? Al observar el Tapiz de la Creación muchos especialistas creen que sí. La representación de *Annus*, con su corona y cetro, rodeado de estaciones y meses, responde a una lógica muy precisa. El calendario agrícola que aparece en los márgenes del tapiz también recuerda los diagramas didácticos de los manuscritos del *scriptorium* de Ripoll. Si esta hipótesis se confirmara se podría decir que en Ripoll no solo se iluminaron pergaminos. También se sembraron ideas que luego fueron bordadas en la memoria orgánica del tapiz.

## Hilos sueltos

Quedan muchos hilos sueltos en esta historia, desde la falsa atribución del tapiz a Carlomagno hasta la identidad de las tejedoras que lo crearon. Incluso hay debates sobre el origen del tejido sobre el cual se hizo el bordado. Entre los bienes inscritos en el testamento del sacristán Bernat Guillem, fechado en 1081, había una pieza de lana y lino que bien podría haber servido para recamar la obra. El tiempo dirá. Quizás nunca sepamos quién tejió el tapiz de Girona. No importa. Como decía Anni Albers, la tejedora de la Bauhaus, «el buen diseñador es el diseñador anónimo, el que no estorba al material, el que encamina sus productos a una vida última sin apariencia ambiciosa». Un mensaje hilado con delicada y humilde austeridad.

# Soluciones

La expansión desde Eurasia hacia Oceanía fue una de las migraciones más asombrosas de la humanidad. Impulsados por los cambios climáticos, la presión demográfica y la búsqueda de recursos, los sapiens comenzaron a explorar los archipiélagos del sudeste asiático. El desarrollo de catamaranes, canoas con balancín y velas triangulares hizo posible las primeras migraciones marítimas a gran escala. Entre el 3000 y el 1500 antes de nuestra era estos navegantes colonizaron infinidad de islas. Desde Filipinas e Indonesia llegaron a Melanesia, y de ahí a Nueva Caledonia y Fiyi. Más tarde alcanzarían el que sería el corazón de la cultura polinesia: Tonga y Samoa.

Gracias a sus conocimientos en navegación estelar, el estudio de las corrientes marinas y la observación de las aves migratorias, los polinesios se aventuraron aún más al este, fundando comunidades en las Islas de la Sociedad y las Marquesas. Más adelante llegarían a Hawái, Nueva Zelanda y, finalmente, Rapa Nui, la tierra más remota del planeta. Situada a más de 3.500 kilómetros de Sudamérica y a 2.000 kilómetros del lugar habitado más cercano, la isla de Pascua representa el último capítulo de esa migración transcontinental que comenzó en África.

A lo largo de nuestra expansión, los sapiens nos hemos enfrentado a desafíos recurrentes. No sorprende que surgieran soluciones parecidas en distintas partes del mundo. La agricultura, por ejemplo, apareció de manera autónoma en Mesopotamia, China, México, los Andes, África y Nueva Guinea. Lo mismo ocurrió con el dinero o la escritura. ¿Y si las misteriosas tablillas *rongo-rongo* fueran una prueba más de esa recurrencia cultural?

# 11

# Tablillas *rongo-rongo*

Es muy probable que la leyenda de la torre de Babel haya dejado su huella en los relatos científicos sobre el origen de la escritura. Según la historia oficial, la escritura nació en los fértiles valles de Oriente Próximo hace seis mil años. De ahí pasó a Egipto, luego se expandió por el resto de la cuenca del Mediterráneo hasta llegar a los confines del mundo. A ese relato euroasiático que nos enseñaron en la escuela le faltan no uno sino varios capítulos: el origen de sistemas de escritura en África, los glifos de la civilización maya, el temprano surgimiento de los ideogramas en China y, quizás el capítulo más polémico, los enigmáticos signos grabados en madera provenientes de la isla de Pascua.

## Buscando continentes

La isla de Pascua o Rapa Nui es el territorio más solitario del planeta. El primer europeo en pisar esta isla perdida fue el almirante holandés Jacob Roggeveen el domingo de Pascua de 1722. Su expedición navegaba por el Pacífico en busca de la legendaria Tierra de Davis, un continente fantasma avistado medio siglo antes por el corsario Edward Davis. Mientras navegaba cerca del trópico de Capricornio, el inglés había alcanzado a divisar en el horizonte una gran masa de tierra, quizás la mítica Terra Australis Incognita que aparecía en todos los mapas pero nadie hasta entonces había encontrado. La Compañía Neerlandesa de las Indias Occidentales no dudó en financiar el viaje de Roggeveen para confirmar la visión de Davis. Y así fue como, buscando un continente, los holandeses se toparon con una isla.

Durante su breve visita a Rapa Nui, Jacob Roggeveen y su tripulación quedaron impactados por los gigantescos moáis alineados a lo largo de la costa. «Debido a la brevedad de nuestra estancia entre ellos, no pudimos conocer de forma completa en qué consiste la forma de adoración de estas personas; solo notamos que encienden fuego frente a ciertas figuras de piedra notablemente altas que erigen; y, luego, agachándose sobre sus talones con la cabeza inclinada, juntan las palmas de sus manos y las levantan y bajan alternativamente», escribió Roggeveen en su diario. Lo que el holandés no apuntó es lo que podría haber sido el descubrimiento más sorprendente de su viaje: la existencia de una forma local de escritura en el lugar más aislado del planeta. Para eso todavía faltaban unos cuantos desembarcos.

Si Jacob Roggeveen fue el primer europeo en pisar la isla, el que tuvo el privilegio de hacer conocer al mundo la existencia de las tablillas *rongo-rongo* fue Eugène Eyraud, un misionero francés de la Congregación de los Sagrados Corazones de Jesús y María que llegó en 1864. En un informe escrito años más tarde indicaba que «en todas las casas hay tablillas de madera cubiertas de jeroglíficos: signos que se repiten, y que parecen ser una escritura, aunque nadie en la isla sabe leerlas». Y es ahí donde comienzan a aflorar las preguntas. ¿Nació esta escritura como consecuencia del contacto con los europeos? ¿O fue un proceso anterior? ¿Qué pasó en esa lejana sociedad para que perdieran la tradición escrita y las prácticas de lectura? El hecho de que muchos moáis hayan quedado inconclusos, como si el obrador hubiera sido abandonado de forma repentina, refuerza la hipótesis de una imprevista catástrofe social o cataclismo natural.

Las tablillas *rongo-rongo* fueron grabadas sobre maderas locales como el toromiro, el makoi, el hau y el sándalo, aunque también se utilizaron fragmentos de barcos encontrados en las costas. En vez de traerles mensajes en botellas, las olas dejaban sobre las playas de Rapa Nui la materia prima de sus escritos. El proceso de creación comenzaba con el alisado de la superficie de la madera usando piedras volcánicas o conchas marinas. Luego se trazaban líneas paralelas a modo de renglones sobre los cuales se tallaban los glifos. Acostumbrados a aprovechar todo lo que les daba el mar y la tierra, para grabar los signos los rapanui utilizaban puntas de obsidiana o dientes de tiburón. Una escritura siempre al borde de la escasez.

La técnica de grabado seguía el estilo *bustrofedón inverso*, es decir, se escribía de izquierda a derecha, pero al final de cada línea se giraba la tablilla 180 grados. Los glifos eran figuras estilizadas de seres humanos, animales, plantas, astros y objetos simbólicos inscriptos con gran cuidado. Los refinados trazos requerían paciencia, ya que la madera era muy escasa y no podían darse el lujo de desperdiciarla. Se cree que el dominio de la escritura, como en muchas otras sociedades antiguas, era exclusivo de los sabios o sacerdotes, los guardianes de un conocimiento que combinaba la tradición oral y la memoria con una forma única de registro visual.

El desconocimiento de estas prácticas es tan grande que resulta fácil caer en especulaciones. La duda sigue ahí. ¿Cómo es posible que los habitantes de una desarbolada isla perdida del Pacífico, donde en el siglo XVIII sobrevivían a duras penas unas dos mil personas, fueran capaces de crear una forma tan sofisticada de comunicación?

## Colapso

En el segundo capítulo de su clásico *Colapso. Por qué unas sociedades perduran y otras desaparecen,* Jared Diamond analiza la decadencia de la civilización en la isla de Pascua y la presenta como un ejemplo de desastre ecológico autoinfligido. Según Diamond, los primeros colonos polinesios que llegaron a la isla alrededor del año 900 de nuestra era se encontraron con un entorno boscoso y rico en recursos. Un paraíso austral que duraría poco. La progresiva expansión de la población, combinada con la deforestación intensiva para abrir tierras agrícolas, fabricar canoas y mover las enormes estatuas, llevó al agotamiento de los recursos. La extinción de la palma de Rapa Nui, una especie endémica en la isla hasta el siglo XVIII, y la pérdida de cobertura vegetal tuvieron consecuencias devastadoras: erosión del suelo, disminución de la biodiversidad y colapso de la agricultura.

El deterioro ambiental de la isla llevó a un cataclismo social. La élite perdió legitimidad al no poder garantizar el bienestar de la comunidad, lo que derivó en guerras internas, destrucción mutua de esculturas y una creciente violencia confirmada por los restos de armas y el abandono de las antiguas estructuras ceremoniales. Los habitantes comenzaron a refugiarse en cuevas. Los relatos orales sugieren que incluso conocieron los sinsabores del canibalismo. Otro experimento de los sapiens que no presagiaba un final feliz.

Si los pueblos que llegaron a esta tierra perdida hace un milenio no conocían la escritura, entonces los glifos de las tablillas *rongo-rongo* fueron una creación local. Y si así fuera, entonces, ¿cuándo nació esta escritura? El gran debate es si se trata de una vieja forma de expresión o si se desarrolló después de la llegada de los europeos. Jared Diamond no duda. El sistema de escritura *rongo-rongo* «fue sin duda inventado por los propios isleños, pero no hay ninguna evidencia de su existencia hasta la primera mención que en 1864 hizo de él el misionero católico que vivía allí». Las piezas que se conservan «parecen ser posteriores al contacto con los europeos; algunas de ellas son trozos de madera extranjera o de un remo europeo, y otras pueden haber sido fabricadas por isleños para vendérselas a representantes del obispo católico de Tahití, que se interesó por la escritura y buscó muestras de ella». Otros historiadores no están tan seguros.

## Decodificando

Impresiona la cantidad de artículos, ponencias y libros que han inspirado las 27 tablillas *rongo-rongo*. Según un corolario de la ley de Murphy, cuantos más libros se publican sobre un argumento, menos sabemos de ese tema. Expertos de todo el mundo han intentado decodificar las tablillas recurriendo a sofisticados métodos estadísticos o recuperando experiencias previas de interpretación de textos antiguos. Pero lo que funcionó en Egipto o Mesopotamia no necesariamente funciona en el Pacífico Sur.

Alfred Métraux, un antropólogo suizo que visitó Rapa Nui en la década de 1930, dejó constancia del enigma en su *Mysteries of Easter Island*. Según Métraux, el descubrimiento de las tablillas no generó un interés científico inmediato. En 1914 la antropóloga Katherine Routledge entrevistó al último nativo que dominaba las técnicas ancestrales de canto. Llegó tarde. El isleño murió de lepra pocos días después de su primer encuentro. Los nativos modernos, confesaba Métraux, desconocían el asunto. «Solo cuentan historias vagas sobre las tablillas, afirmando que son objetos mágicos con el poder de causar la muerte.» ¿La lectura mata?

El lingüista neozelandés Steven Roger Fischer, uno de los grandes expertos en historia de Rapa Nui, lo tiene claro: la «escritura» *rongo-rongo* nació como reproducción de las prácticas de los marinos occidentales que frecuentaron la isla a partir del siglo XVIII. «Tomando prestada simplemente la idea de la escritura, la linealidad y la dirección de lectura de izquierda a derecha —escribe Fischer en *Island at the End of the World*—, los habitantes de la isla de Pascua recurrieron a su corpus de arte rupestre para grabar un número limitado de signos de contorno estandarizados y codificados, primero en gruesos bastones de batalla de madera, más tarde en tablas flotantes y otras cosas.» ¿Es posible que una sociedad se haya dedicado a copiar esos extraños trazos que los europeos marcaban sobre el papel? Fischer nos recuerda que tanto en las Américas como en Oceanía o África los encuentros de las poblaciones autóctonas con la escritura occidental «condujeron casi de inmediato a la elaboración local de escrituras inventadas». Signos sin sentido.

Más que una escritura en sí, las tablillas podrían ser una especie de ayudamemoria para la construcción de relatos cantados. La misma palabra que los nativos usan para nombrar las tablillas nos orienta: *kohau rongorongo*, esto es, «bastón de orador». Métraux creía que las tablillas y bastones grabados podrían haber tenido en el pasado una función mnemotécnica de soporte a la oralidad que se perdió con el colapso de la memoria colectiva.

De todas las piezas que sobrevivieron hasta nuestros días, ninguna está donde debería estar. Las tablillas siguen ahí, en museos de Roma, Nueva York, San Petersburgo, Londres o Berlín, esperando a su Champollion que las vuelva a hacer cantar.

## El mito del único origen

Nos cuesta aceptar que las invenciones puedan aparecer en diferentes lugares o momentos. ¿Por qué nos gusta atribuir a una tecnología, ya sea la escritura, la agricultura o la imprenta, un único origen? Identificar un punto en el tiempo y en el espacio, una especie de zona cero original, ha sido el sueño de disciplinas como la antropología (el primer humano), la lingüística (la primera lengua) o la historia (la primera escritura). Quizás haya un elemento religioso detrás de esta obsesión. La idea de un pueblo elegido por Dios, un componente central de la cultura judeocristiana, nutrió el interés por el origen de ese linaje. Relatos bíblicos como el de la torre de Babel alimentaron la búsqueda de la lengua original. Hoy sabemos que no fue así. Como la agricultura o el comercio, y más allá del misterio de las tablillas *rongo-rongo*, la escritura nació en todos los continentes.

## Silencio

Los sapiens venimos de África, pero nuestros libros están plagados de relatos sobre la historia de nuestra especie en Eurasia y las Américas. Nos hemos olvidado de nuestro pasado africano. Más que olvidado, durante siglos ese legado fue directamente cancelado. África recién entró en la historia contada desde Europa en los tiempos modernos, cuando el relato se escribió en el siglo XIX con tinta colonial y gramática esclavista. Al igual que en el Medievo, en la narrativa europea África aparece como un lugar oscuro y salvaje. Fueron las historias eurocéntricas las que convirtieron a África en un territorio primitivo habitado por bárbaros analfabetos. En el mejor de los casos, de África solo provenían valiosas materias primas y piezas exóticas destinadas al Museo Británico.

En *La lucha por la razón en África*, el filósofo Mogobe B. Ramose reclamó una voz para su continente: «Durante siglos, los discursos sobre África han estado dominados por personas no africanas». Los portavoces europeos, de manera unilateral, se han atribuido el derecho de hablar en nombre del continente. «Los africanos quedaron reducidos al silencio, incluso sobre sí mismos.»

El próximo capítulo nos lleva de regreso a África. El eco de las viejas migraciones transcontinentales sigue resonando en sus páginas. Es un capítulo extraño donde se cruzan emperadores, emires, historiadores, navegantes, exploradores y médiums. Además, en este capítulo no se habla de un fósil mediático, sino de dos. Y para complicar aún más las cosas, uno es falso. Es el otro, el verdadero, el fósil que restituye la palabra al continente africano. Dejemos que hablen los manuscritos de Tombuctú.

12

# Manuscritos de Tombuctú

Tombuctú surgió alrededor del siglo XII como un campamento tuareg en un recodo del río Níger. No tardó en transformarse en un importante enclave comercial, un punto de pasaje obligado entre el norte de África y el mundo subsahariano. La ciudad, incorporada al Imperio de Mali por Mansa Musa a finales del siglo XIII, se convirtió en un centro neurálgico del comercio de oro, sal y libros. Mansa Musa, el rey de reyes que gobernó entre 1312 y 1337, es un personaje obligado de este capítulo. Su peregrinaje a La Meca fue legendario. Mansa Musa viajó acompañado por un séquito de decenas de miles de súbditos y enormes cantidades de oro que, se dice, desequilibraron las economías locales a su paso. Todavía hoy se habla de la hiperinflación que generó su llegada a El Cairo. A su regreso de La Meca, Mansa Musa posicionó a Tombuctú como un centro del saber islámico donde florecieron el derecho, las ciencias, la teología y la literatura. Todo este conocimiento merecía ser preservado para las próximas generaciones.

Aquí el camino que nos conduce a los fósiles mediáticos se divide en dos. Uno se dirige a las Américas. El otro se queda en Tombuctú.

Mientras hacía escala en El Cairo rumbo a La Meca, Mansa Musa le contó al emir Abu al-Hasan Ali ibn Amir Hajib un relato que el historiador al-Umari se encargaría de transcribir palabra por palabra:

> El rey que me precedió no creía que fuera imposible descubrir el límite más lejano del océano Atlántico y deseaba vehementemente hacerlo. Así que equipó doscientos barcos llenos de hombres y la misma cantidad equipada con oro, agua y provisiones suficientes para durarles años, y le dijo al hombre designado para liderarlos: «No regreses hasta que llegues al final de este océano o hasta que se agoten tus provisiones y agua». Partieron y pasó mucho tiempo antes de que alguno regresara. Entonces, un barco volvió y preguntamos al capitán qué noticias traía. Él dijo: «Sí, oh, Sultán, viajamos durante mucho tiempo hasta que apareció en mar abierto un río con una fuerte corriente. El mío era el último de esos barcos. Los otros siguieron adelante, pero cuando llegaron a ese lugar, no regresaron y no se volvió a saber de ellos, y no sabemos qué fue de ellos. En cuanto a mí, di la vuelta de inmediato y no entré en ese río». Pero el sultán no le creyó. Entonces preparó dos mil barcos, mil para él y los hombres que llevó consigo, y mil para agua y provisiones. Me dejó como su delegado y se embarcó en el océano Atlántico con sus hombres. Esa fue la última vez que lo vimos a él y a todos los que estaban con él, y así fue como me convertí en rey por derecho propio.

El debate está servido. ¿Llegó a las costas americanas la flota de Mansa Muhammad ibn Qu, el predecesor de Mansa Musa? El «río con una fuerte corriente», ¿no sería el mismo flujo atlántico que hoy empuja los cayucos cargados de inmigrantes hasta las islas Canarias y puede incluso alcanzar las islas del Caribe? Algunos intelectuales africanos agitan esa hipótesis. Cada año llegan a las costas de Brasil, República

Dominicana o Trinidad y Tobago embarcaciones tripuladas por unos pocos cadáveres resecos. La fantasía académica de un desembarco africano en el Nuevo Mundo antes de Cristóbal Colón sigue viva, ahora bajo forma de pesadilla.

## Fawcett y la Ciudad Z

Corte directo a principios del siglo XX. El coronel Percy Harrison Fawcett, un oficial británico y cartógrafo que había participado en misiones de delimitación de fronteras, decide penetrar en la selva siguiendo las indicaciones del Manuscrito 512. Este documento del siglo XVIII, que bien podría formar parte de nuestra colección de fósiles mediáticos, describía una maravillosa ciudad perdida en el corazón del Mato Grosso. El Manuscrito 512 inflamó la imaginación del inglés. Fawcett se internó en la selva amazónica con su hijo Jack para buscar la mítica Ciudad Z. Ellos tampoco regresaron.

No solo el Manuscrito 512 nutrió la imaginación de Fawcett. Otro británico, Rader Haggard, autor de *Las minas del rey Salomón* y creador del subgénero literario «en busca de mundos perdidos», le había regalado una escultura de unos 25 centímetros conocida como la Brazil Tablet. Según algunos africanistas, la escultura representa a un típico marinero maliense. El personaje lleva una túnica sin mangas, un gorro ajustado y calzas que llegan hasta las rodillas, tal como los describieron los europeos que visitaron el Imperio de Mali en el siglo XIV. Fawcett estaba convencido de que la escultura no era una falsificación porque catorce de los veinticuatro signos ya aparecían en otras piezas de alfarería brasileña. Los africanistas más exaltados no dudaron en reconocer viejas escrituras provenientes de Mali en el corazón de Brasil.

El hiperdifusionismo es una teoría que sostiene que civilizaciones africanas, especialmente del antiguo Egipto y del Imperio de Mali, influyeron en las culturas precolombinas en América. Sus defensores afirman que flotas africanas cruzaron el Atlántico antes de Colón y transmitieron sus conocimientos de arquitectura, escritura, religión y astronomía a las comunidades locales. Esta hipótesis, desacreditada por la comunidad académica por falta de evidencias arqueológicas y por sus incoherencias cronológicas, busca revalorizar el legado y la identidad africanos. La estatuilla que cautivó a dos imperialistas como Fawcett y Haggard también entusiasmó a los intelectuales africanos que defendían la existencia de intercambios transatlánticos precolombinos.

Cuando Fawcett llevó la estatuilla al Museo Británico, los expertos respondieron de manera diplomática: «Si no es falsa, está completamente fuera de nuestra experiencia». Más que una escultura, era un *X-file.* Para salir de dudas, Fawcett consultó a un médium. En esa época había en Londres más brujos y hechiceros que en todo el continente africano. El psicometrista tomó la estatuilla entre sus manos, cerró los ojos y visualizó un gran continente entre África y Sudamérica «mucho antes del auge de Egipto». Allí había templos con «columnas bellamente talladas» y «procesiones de lo que parecían sacerdotes», entre ellos «un sumo sacerdote o líder con una coraza similar a la de la figura». Entonces sobrevino el desastre. «Volcanes en violenta erupción, lava ardiente descendiendo por sus laderas, y toda la tierra tiembla con un poderoso estruendo. El mar se alza como en un huracán, y una gran porción de tierra en los lados este y oeste desaparece bajo el agua.» Incluso antes de internarse en la selva amazónica, el desgraciado Fawcett ya estaba enredado hasta la asfixia en un delirio bíblico tropical.

La historia de la arqueología está sembrada de fósiles mediáticos falsos, desde las piedras escritas en arameo, hebreo y babilonio que algunos estudiantes le plantaron a Johann Bartholomew Adam Beringer, catedrático de historia natural en la Universidad de Würzburg a comienzos del siglo XVIII, hasta el sarcófago egipcio desenterrado en Tarragona por el anticuario Buenaventura Hernández y Sanahuja y que le llevó a pensar en un origen egipcio de los pueblos ibéricos. La religión y el nacionalismo son los peores consejeros de la arqueología. El último telegrama enviado a Londres por Fawcett el 20 de abril de 1925 lo decía todo: «Solo tengo un objetivo: desvelar los misterios que las selvas impenetrables de Sudamérica han ocultado durante tantos siglos. Nos anima la esperanza de encontrar las ruinas de una antigua civilización blanca y los descendientes degenerados de una raza que alguna vez fue culta».

Ya es hora de dejar al coronel Percy Fawcett con su estatuilla *fake* y delirios colonialistas para volver a África, a las fabulosas bibliotecas de Tombuctú. Estas sí son reales y no pueden faltar en nuestro viaje intercontinental por los fósiles mediáticos.

### Los manuscritos

Los manuscritos de Tombuctú constituyen uno de los legados intelectuales más extraordinarios de la humanidad. Se trata de cientos de miles de documentos redactados principalmente en árabe, aunque también los hay en lenguas locales como el songhai, fulani, tamasheq y bambara. Estos textos producidos a partir del siglo XIII abordan todo tipo de disciplinas y géneros, desde la astronomía y la medicina hasta el derecho, la filosofía, la literatura, la poesía, la alquimia y la teología. Los textos fueron escritos por sabios locales formados en las madrasas de Sankoré, Sidi Yahia y Djingareyber, instituciones que convirtieron a Tombuctú en un epicentro del conocimiento africano. Un lugar donde se imbricaban saberes, credos y lenguas.

Durante el siglo xv Tombuctú vivió su apogeo cultural. Como en los monasterios europeos, se escribían textos propios y se copiaban obras traídas desde al-Ándalus, El Cairo o Bagdad. Con la invasión marroquí de 1591 la ciudad entró en declive y muchos manuscritos fueron escondidos para evitar su destrucción. Durante la colonización francesa, la mayor parte de este patrimonio textual, una vez más, se dispersó por los archivos y colecciones europeos. Otras obras fueron preservadas por las familias locales. Europa no solo hablaba en lugar de África: también se robó sus lecturas.

Los textos de Tombuctú se escribieron sobre muchos materiales. Se empleaban papeles de gran calidad importados de la península ibérica, Italia, Egipto o Marruecos. Para los textos litúrgicos más preciados se usaron pergaminos elaborados con piel de oveja, cabra o incluso antílope. En casos excepcionales, como un Corán del siglo xiii, se empleó piel curtida de pez, lo que demuestra el ingenio y la diversidad de recursos de estos escribas. Al igual que los códices iluminados europeos, estos manuscritos eran verdaderas obras de arte. Muchos textos estaban lujosamente encuadernados y decorados con tintas minerales o pigmentos naturales como azafrán, índigo o carbón vegetal. También incluían detalles en oro. Su caligrafía e ilustraciones aún hoy nos deslumbran por su belleza.

## Supervivencia

Una parte de los manuscritos se encuentra en Bamako, la capital de Mali, donde fueron trasladados para salvarlos de la destrucción por parte de grupos yihadistas durante la guerra que se desató en el norte del país. Más de 350.000 documentos fueron rescatados en una operación clandestina liderada por el bibliotecario Abdel Kader Haidara y una red de colaboradores locales que contó con el apoyo de la población y organismos internacionales. A diferencia de

Rapa Nui, en Mali la memoria de la escritura logró sobrevivir.

Se estima que unos 300.000 documentos siguen almacenados en condiciones precarias, aunque más de 150.000 ya han sido digitalizados. Estas colecciones se conservan en el Instituto Ahmed Baba de Tombuctú, la Biblioteca Conmemorativa Mamma Haidara y otras instituciones creadas por los descendientes de las antiguas familias guardianas del conocimiento. Este rescate del patrimonio manuscrito de Tombuctú permitió recuperar siglos de historia y refutar prejuicios coloniales sobre la supuesta «oralidad absoluta» de las culturas locales. Tombuctú fue y sigue siendo símbolo de la cultura escrita, la diversidad intelectual y el diálogo entre saberes que florecieron en el corazón del Sahel.

A fin de cuentas, para encontrar la riqueza de la cultura africana quizás no era necesario cruzar el Atlántico ni consultar a hechiceros londinenses. El tesoro estaba ahí, en las páginas de la *Ley de la herencia*, un documento que explica el sistema islámico de sucesiones basado en el grado de parentesco con el fallecido, o en la *Estructura de los cielos*, un manual de astronomía que enseña a calcular el inicio de las estaciones y elaborar horóscopos, por nombrar solo algunas de las joyas textuales rescatadas en Tombuctú. Basta acercarse un poco para escuchar en ellas la voz de África.

# Totalidad

En *La galaxia Gutenberg* Marshall McLuhan describe cómo la imprenta privatizó la lectura bíblica y debilitó la autoridad eclesial, detonando la Reforma que fracturó la cristiandad europea. En esa Europa donde proliferaban los libros impresos también se aceleraron los descubrimientos científicos. Si tras el descubrimiento de América las brújulas comenzaron a apuntar hacia el oeste, los intercambios con África y Asia nunca se detuvieron. A los centros imperiales llegaban extraños especímenes de fauna y flora o manuscritos en lenguas olvidadas. Todos terminaban en la *Wunderkammer*, esos gabinetes de curiosidades que celebraban la supremacía europea.

La Modernidad soñaba con reunir toda la cultura del planeta en un único lugar. En esas cámaras abarrotadas, cada objeto, por extraño o incomprensible que fuera, adquiría nuevos significados al relacionarse con los demás. Allí convivían animales disecados, fósiles y plantas (*naturalia*), obras de arte e instrumentos científicos (*artificialia*), objetos traídos de tierras remotas (*exotica*) y bezoares, mandrágoras y otras piezas cargadas de misterio (*mirabilia*). La globalización nació en esos gabinetes que sus propietarios exhibían con orgullo imperial.

Esta lógica acumulativa también llegó a la ciencia. El microscopio revelaba el universo celular; el telescopio, los cuerpos celestes. La física, la química o la filología se alejaban de sus raíces filosóficas para abordar un mundo cada vez más complejo. ¿Sería posible conservar todo ese conocimiento en un único espacio escrito, una especie de *Wunderkammer* textual? Borges lo imaginó en *La biblioteca de Babel*: «No me parece inverosímil que en algún anaquel del universo haya un libro total». El sueño de capturarlo todo en una única obra nos legó uno de los fósiles mediáticos más ambiciosos de la historia. El Libro Total.

## 13

## *Encyclopédie*

Las obras enciclopédicas fueron polos magnéticos que desde la antigüedad captaron la atención de escritores, filósofos, naturalistas e intelectuales. Un breve recorrido por estas grandes máquinas del saber nos llevaría de la *Naturalis historia* de Plinio el Viejo, quizás la obra más citada del mundo clásico junto con la *Historia* de Heródoto, hasta «cierta enciclopedia china» mencionada por Jorge Luis Borges en *El idioma analítico de John Wilkins.* «Notoriamente no hay clasificación del universo que no sea arbitraria y conjetural. La razón —escribe Borges— es muy simple: no sabemos qué cosa es el universo.» Las enciclopedias tratan de colmar ese vacío.

Antes de ser una realidad creada por Denis Diderot y Jean Le Rond d'Alembert, la *Encyclopédie* fue una de las tantas utopías que acunó el siglo XVIII. Como escribe Franco Venturi en *Le origini dell'Enciclopedia*, la más ambiciosa producción textual del *Homo sapiens* después de la World Wide Web tuvo «una historia imaginaria antes de tener una historia real». La obra de Diderot y D'Alembert consistió precisamente en hacerla pasar de una fase a la otra, desde sueño revelador de ciertos deseos y aspiraciones a un hecho de contornos precisos y delimitados. El antecedente histórico más cercano de la *Encyclopédie* fue la famosa *Cyclopædia* del inglés Ephraim Chambers publicada en 1728, una obra que constituyó un modelo, no siempre a imitar, para los filósofos franceses. Su encarnación más reciente es el gran hipertexto digital creado por Tim Berners-Lee. Cuando este físico subió la primera página web a un servidor del CERN en Ginebra no imaginaba la reacción en cadena que estaba a punto de desencadenar. Los filósofos franceses, en cambio, sí tenían clara la bomba textual que querían detonar.

¿Cómo organizar el universo del conocimiento? Desde la antigüedad más remota los filósofos habían establecido clasificaciones y modos de jerarquizar un mundo que, a medida que pasaban las generaciones, se presentaba cada vez más complejo y difícil de comprender. Si el Medioevo consideraba a la naturaleza una obra de *contemplatio*, un libro que debía ser leído para detectar las huellas de un Dios supremo, los filósofos modernos —con Francis Bacon a la cabeza— lo abordaron desde la *applicatio*, o sea, como un proceso de reescritura científica. Si bien Bacon nunca escribió una verdadera enciclopedia, su proyecto filosófico apuntaba a una totalización del saber, a una «historia natural y experimental» en la cual cada elemento debía mantener una relación con los demás. El diseño enciclopédico propuesto por Bacon en el siglo XVI marcó un antes y un después en el pensamiento occidental. La obra antigua que más se le acercaba en sus intenciones era la *Naturalis historia* de Plinio el Viejo, mientras que su encarnación moderna será la *Encyclopédie* de los iluministas franceses.

## La Gran Máquina del Saber

Hacer una enciclopedia no es fácil. Una vez definido el orden que se quiere imponer al conocimiento (¿Será una enciclopedia alfabética o se desarrollará por temas? ¿Habrá enlaces entre los diferentes artículos? ¿Incluirá imágenes?), los editores deben reclutar un batallón de autores para trabajar en las diversas voces. Si la enciclopedia es ilustrada, habrá que determinar la lógica de las imágenes y su vinculación con los textos. Y no menos importante: ¿quién pagará tantas horas de trabajo e inversión de capital humano? ¿Cómo comercializar un producto tan extenso e inestable? En 1750 se publica el *Prospectus* de Diderot, un folleto que anunciaba la próxima edición de la gran obra enciclopédica y ofrecía a los potenciales lectores un seductor plan de suscripción. El *Prospectus* te lo regalo, los volúmenes te los vendo.

Diderot y D'Alembert crearon una Gran Máquina Textual, un inmenso hipertexto impreso que contenía 72.000 artículos distribuidos en 28 volúmenes. En el *Discours préliminaire* de 1751, D'Alembert reconoce que «el sistema general de las ciencias y de las artes es una especie de laberinto, de camino tortuoso, en el que la inteligencia se interna sin conocer muy bien el rumbo que debe seguir». El orden enciclopédico consiste en reunir todos esos conocimientos en el menor espacio posible y colocar al filósofo «por encima de ese vasto laberinto, en un punto de vista muy alto desde donde pueda dominar a la vez las ciencias y las artes principales, abarcar de una ojeada los objetos de sus especulaciones y las operaciones que puede hacer sobre estos objetos». La enciclopedia, metaforiza D'Alembert, es un mapamundi que muestra los principales países, su posición e interrelaciones. Son las metáforas del laberinto o del mapamundi las que mejor describen el nuevo esquema del conocimiento, una gigantesca cartografía del saber donde se cruzan y superponen infinidad de conexiones. El Libro Total de los franceses anticipaba lo que sería la World Wide Web dos siglos más tarde.

Como escribe Diderot en la voz «Enciclopedia» —sí, la *Encyclopédie* era tan amplia y ambiciosa que incluía un artículo sobre sí misma—, la Gran Máquina Textual no debía ser un laberinto «tortuoso», sino una estructura simple, clara y evidente, lo más parecida a una «amplia avenida que se extiende a lo lejos y sobre cuya longitud se encuentran otras, igualmente bien distribuidas, que conducen a los objetos solitarios y apartados por el camino más fácil y corto». Cien años antes de Georges Haussmann, el urbanista que transformó París con sus diagonales y bulevares, los filósofos iluministas proponían hacer lo mismo con el conocimiento. Recopilar una enciclopedia «es como fundar una ciudad», resumió Diderot, el gran arquitecto del saber.

## Ingenierías inversas

El gran salto en las formas de organizar las ciencias y las artes lo encontramos en las conexiones transversales entre artículos. Hoy nos resulta muy natural hacer clic en una palabra o imagen y saltar instantáneamente a otro contenido. La *Encyclopédie* puso en práctica ese principio en la segunda mitad del siglo XVIII. Así como la geometría reenvía de un teorema a otro, Diderot y D'Alembert creían que el enciclopedista debía organizar el saber para pasar de un artículo a otro. Al final de cada artículo se recomendaba la lectura de otras voces, creando así una red que atravesaba toda la *Encyclopédie.* Si los enlaces están bien construidos, concluía Diderot, darán a la enciclopedia «el carácter que debe tener un buen diccionario; ese carácter es cambiar la forma común de pensar». En estas pocas palabras, Diderot resume la función primordial de la Gran Máquina Textual y el objetivo final de la utopía iluminista: cambiar la mirada para poder transformar el mundo.

Pero la *Encyclopédie* no se acaba en los enlaces. Diderot estaba convencido de que «una ojeada al objeto o a la figura dice más que una página de texto». La enciclopedia planteaba un nuevo tipo de relación entre el texto escrito y las imágenes. Los doce volúmenes con más de 3.000 grabados no constituyen un simple apéndice ilustrado, sino un espacio central en el orden enciclopédico. La relación entre imagen y texto es trabajada por los franceses con la misma profundidad y dedicación que las conexiones entre los artículos. Las imágenes de la *Encyclopédie* van de lo complejo a lo simple. Si en un primer grabado se muestra una máquina para moler papel, en el segundo aparece descompuesta en sus partes principales. Lo mismo sucede con los procesos industriales. Son desmontados limitando las figuras «a los movimientos importantes del obrero y a los de la operación, que es muy fácil pintar y muy difícil explicar». Podría decirse que estos grabados anticiparon en más de un siglo los estudios de Frederick W. Taylor sobre la organización científica del trabajo que llevarían al fordismo. También los podemos considerar pioneros de lo que hoy conocemos como ingeniería inversa.

La *Encyclopédie* planteó desafíos logísticos inéditos para la época. Los grandes volúmenes en folio de la primera edición fueron realizados en al menos cuatro imprentas diferentes de París. La enciclopedia no solo incluía un artículo sobre sí misma: las imágenes de la sección *Imprimerie* también ilustran el proceso mediante el cual se produjeron los volúmenes de la *Encyclopédie*. Cabe recordar que la impresión en el siglo XVIII era todavía un proceso manual, lento y engorroso que demandaba muchas horas de trabajo. Los tipógrafos ubicaban las letras a mano en la galera e imprimían los pliegos de a uno. La encuadernación también era artesanal. Se calcula que un equipo de cuatro o cinco compositores y veinte impresores tardaba casi cinco meses en producir un volumen de la *Encyclopédie*.

## Cerca de la revolución

La Gran Máquina Textual de Diderot y D'Alembert no solo tuvo que lidiar con enemigos internos, desde los jesuitas hasta algunos intelectuales cercanos al rey excluidos de la obra, sino también con las críticas del exterior. La primera edición de la *Encyclopædia Britannica* (1768-1771) demolía sin atenuantes esa locura francesa que pretendía comunicar toda la ciencia «a través de términos técnicos dispuestos en orden alfabético». La gran *summa* del saber del Imperio británico fue pensada y realizada para contrastar la enciclopedia francesa, una «obra pestilente» que, según los críticos ingleses, había difundido «la semilla de la anarquía y del ateísmo». Diderot y D'Alembert deben de haber disfrutado mucho con estas críticas rabiosas que les llegaban de la otra orilla del canal de la Mancha.

No solo los ingleses leyeron con malos ojos la *Encyclopédie*. En 1759, la Iglesia católica la incluyó en su *Index* de libros prohibidos. El rey revocó el privilegio de Diderot y suspendió temporalmente la impresión. Los trabajos se retomaron bajo el sello de un impresor suizo. El último volumen se publicó en 1772, dos años después del matrimonio entre María Antonieta de Austria y el delfín de Francia. Misión cumplida. La semilla de la anarquía y del ateísmo ya había sido plantada.

Todos los proyectos enciclopédicos deben resolver —o al menos intentarlo— una cuestión fundamental: ¿cómo unificar un saber que en la realidad se presenta en permanente estado de fragmentación y recomposición? Esta tensión se resuelve en dos especies textuales. Por un lado, las enciclopedias que pretenden fijar y organizar los conocimientos por medio de un sistema jerárquico (*inventario*); por otro, las que apuntan a reflejar la transformación del saber (*invención*). La *Encyclopédie* de Diderot y D'Alembert pertenece al segundo grupo, aquellas obras que intentan captar un momento de explosión epistemológica y conflicto cultural. Diecisiete años después de la publicación del último volumen, la semilla germinó. En las calles estalló la revolución y comenzaron a rodar cabezas.

# Miseria

La evolución humana nunca avanza en línea recta. Lo que define a nuestra especie es una constante experimentación social. A cada momento surgen bifurcaciones. Algunas llevan a callejones sin salida. Otras conducen a resultados inesperados que los futuros sapiens no tardarán en recorrer. Aunque parezca lo contrario, nuestra especie no hubiera sobrevivido tantos miles de años sin aprender de sus errores. Además de bifurcaciones, la vida de los sapiens está sembrada de continuidades y discontinuidades. El pasaje de la oralidad a la escritura, por ejemplo, no fue rápido ni directo. Lejos de ser una transición homogénea, cada sociedad la vivió de forma única. Las masas no se alfabetizaron de un día para otro ni las formas orales desaparecieron de la noche a la mañana.

Mientras los Hombres Letrados debatían en los salones europeos los artículos de la *Encyclopédie*, en las calles circulaban relatos impresos que retrataban con crudeza la vida urbana. En esos textos populares, marcados por una oralidad persistente, se escuchaban las voces de quienes llegaban del mundo rural a ciudades saturadas de miseria, hollín y desesperanza. Por más que lo intentara, la razón enciclopédica moderna no podía eliminar de un plumazo siglos de cultura popular enraizada en el Medioevo y más allá.

Entre la imprenta de Gutenberg y la popularización del libro impreso pasaron cuatro siglos. La reproducción mecánica era solo una parte de una maquinaria mayor que necesitaba otras piezas. Hasta que llegaron las grandes revoluciones en el siglo XVIII e impusieron la educación obligatoria, el conocimiento de la lectoescritura seguía en gran parte reducido a las élites cultas. Solo cuando la máquina de imprimir de Johannes Gutenberg se fusionó con la de vapor de James Watt nació la industria editorial. Mientras estos procesos de convergencia iban tomando forma, las prácticas salvajes de lectura se abrían paso entre las clases populares sin abandonar los temas y formatos narrativos de la oralidad más ancestral.

# 14

# Romances sangrientos

Los romances sangrientos (en catalán *romanços de sang i fetge*, 'historias de sangre y vísceras') fueron una forma de literatura popular que alcanzó gran difusión entre los siglos XVIII y XIX. Eran publicaciones de pequeño formato que narraban hechos reales o ficticios cargados de violencia, tragedia y sensacionalismo. ¿Por qué nos interesan estas formas de la literatura popular tan cruentas? Como vimos al examinar los libros de palma, el pasaje de la oralidad a la escritura nunca es un proceso directo y sereno de incorporación de, como diría un burócrata ministerial, «competencias de lectoescritura». Así como las personas que están aprendiendo a leer lo hacen con los labios, pronunciando cada sílaba con cuidado para componer palabras y frases, también las sociedades donde la lectura comienza a ganar terreno lo hacen sin olvidar la cultura oral de las generaciones anteriores. Esto aparece de manera muy clara en los *romanços*. Los más antiguos están en verso. Fueron escritos para la lectura en voz alta, frente a oyentes analfabetos o para lectores que recién estaban dando sus primeros pasos en la cultura impresa. Ya llegaría el tiempo silencioso de la prosa.

Los romances sangrientos forman parte de la llamada literatura de cordel o, en francés, *colportage*, un género muy popular en Europa. Estos pliegos sueltos, impresos en papel de baja calidad y colgados en cuerdas para su venta ambulante, estaban destinados a las clases populares urbanas. La literatura de cordel ofrecía romances, coplas y relatos sensacionalistas sobre crímenes, milagros o sucesos extraordinarios, a menudo acompañados de grabados xilografiados, una popular técnica de reproducción que venía de la cultura medieval.

Esta literatura de frontera donde comenzaban a mirarse cara a cara una cultura popular milenaria con la incipiente industria de medios no tenía cabida en las bibliotecas de su tiempo. Eran textos bastardos que circulaban sin control por los mercados y merecían el más distinguido desprecio por parte de las élites letradas, una repulsa no muy diferente a la que recibían sus lectores o escuchas. Lope de Vega no ahorró adjetivos a la hora de describir las «coplas de ciego» en su comedia *Santiago el Verde* de 1620:

*No sé cómo se consiente*
*que mil inventadas cosas*
*por ignorantes se vendan*
*por los ciegos que las toman.*
*Allí se cuentan milagros,*
*martirios, muertes, deshonras*
*que no han pasado en el mundo*
*y al fin se vende y se compra.*

No solo confusión entre oralidad y escritura o hibridación entre  tradición popular y cultura letrada. Como en una canción de Rosalía, todo es *remix* en la literatura de cordel. A la tensión entre el anonimato de sus autores y su atribución a escritores famosos, se suma la reescritura sin fin de los textos y la venta callejera a través de un circuito más cercano al mercado de gallinas que a las librerías, por no hablar de los resúmenes pregonados en las esquinas mientras en sus pliegos se mezclan sucesos periodísticos con tragedias inimaginables, fábulas, milagros, sátiras y blasfemias. Como sintetiza Jesús Martín-Barbero en *De los medios a las mediaciones*, estas literaturas «inauguran una relación otra con el lenguaje: la de aquellos que sin saber apenas escribir saben no obstante leer».

La literatura de cordel es un medio de transición. Por un lado, establece un puente entre el mundo de las letras y la cultura oral. Por otro, va formateando al futuro lector de diarios y revistas, el cual alcanzará su punto de madurez a finales del ochocientos. Muchos de los temas de la literatura de cordel los volveremos a encontrar en el folletín, en la serialidad radiofónica y televisiva del siglo XX y en los populares *true crimes* de nuestros días. Los medios pasan, la sangre queda.

## *PULP FICTION*

El origen de los romances sangrientos se remonta a la tradición oral medieval en la que juglares y recitadores transmitían historias en verso acompañadas de música. Con la llegada de la imprenta, se convirtieron en pliegos sueltos que se exhibían en mercados y ferias como si fueran prendas secándose al sol. Estas obras estaban dirigidas a lectores apenas alfabetizados que descubrían en estas microhistorias un medio asequible para divertirse y mantenerse informados. Podríamos decir que estas piezas cumplían las mismas funciones que las actuales redes sociales: relataban hechos que al día siguiente se viralizarían en las conversaciones entre familiares, amigos y vecinos.

*Nueva relación, donde se da cuenta,*
*y declara como una muger llamada Ana Contreras,*
*inducida del Demonio, diò muerte à su marido, y à dos hijos,*
*y los echó en adobo; y como le dio al Galán à comer del hígado,*
*y la assadura frita: Refierese, como fueron descubiertos,*
*y ajusticiados el dia 27 de Julio de este preferente año de 1749.*

Eran tiempos políticamente incorrectos. Los *romanços de sang i fetge* abordaban crímenes atroces, ajusticiamientos públicos, catástrofes naturales, naufragios, amores prohibidos que terminaban en tragedia y sucesos políticos marcados siempre por la violencia. Estas historias, redactadas en un lenguaje claro y directo, buscaban captar la atención mediante el recurso al morbo y la espectacularidad. Eran contenidos chatarra doscientos años antes de que se inventara la telebasura.

*Curioso, y verdadero romance del riguroso castigo,*
*que Dios nuestro Señor ha hecho con un Joven, por lascivo,*
*sacrílego, irreverente, y homicida: Declarase como le llevaron*
*[los demonios,*
*y dexaron libre à un Compañero suyo por traer los quatro*
*[Sagrados Evangelios.*
*Sucediò à 20, de Marzo desde Año 1761.*

Lejos de las lujosas encuadernaciones en cuero, los *romanços de sang i fetge* utilizaban papel de muy baja calidad y las ilustraciones se reproducían mediante xilografías de madera. La literatura de cordel integraba lo mejor de dos mundos. La tradición narrativa y las técnicas medievales de reproducción de imágenes se mezclaban con la mecanización tipográfica del texto escrito. Las imágenes, de estilo rudimentario y trazo grueso, atraían al público y facilitaban la comprensión de las historias a las personas que todavía no dominaban la lectura. No cuesta mucho imaginarse a los vendedores de pliegos promoviendo su sangriento contenido a grito pelado en ferias y mercados.

*Breve relación de las atrocidades cometidas por los trabucaires,*
*su prision y sentencia pronunciada en esta causa por el tribunal*
*de los Assises de los Pirineos Orientales.*
*Breve relación de los nombres, apodos, patria y edad de los*
*[encausados*
*y pena impuesta à cada uno.*

Los pliegos eran ofrecidos en las calles por vendedores ambulantes, a menudo ciegos, que hacía *clickbait* de las historias a cambio de una pequeña gratificación. Su bajo coste y accesibilidad contribuyeron a que estos romances se convirtieran en un elemento habitual del paisaje urbano.

*Horroroso atentado sucedido en la Villa de Benanarre,*
*dáse cuenta como fué degollado un noble caballero*
*y su virtuosa señora, con todo lo demás que verá el curioso lector.*

La historiadora catalana Isabel Segura afirma que en la mayoría de los casos los asesinatos son magnicidios, infanticidios y, sobre todo, parricidios. Las víctimas suelen ser familiares, ya sea porque los hijos matan a sus padres y hermanos o el marido (o su esposa) eliminan al cónyuge y sus vástagos. Los móviles siempre remitían a las mismas causas: robo, pasión, perversidad o política. Además de ir pasando del verso a la prosa, los romances sangrientos fueron dejando de lado los elementos fantásticos para contar historias cada vez más realistas. Diablos, condes y reinas abandonaron la escena del delito en favor de los asesinos anónimos. A fuerza de puñaladas, los *romanços* abrieron el camino a las novelas por entregas y la crónica negra periodística.

*Nuevo romance, en que se declara una prisión*
*que se ha hecho en la Corte de Madrid, de 3 hombres, y 2 mugeres,*
*por haber dado muerte à 26 hombres, y 1 niño, habiéndoles hallado*
*[los unos en sal*
*y los otros consumidos; y como se descubrió por un Caballero Maltés.*

Estas lúgubres historias reflejaban los miedos, pasiones y creencias de una sociedad en transición marcada por la violencia, la religiosidad y la fascinación por lo macabro. El mismo imaginario que emanaba de estas hojas impresas alimentó las fantasmagorías (hablaremos de ellas en el próximo capítulo) y buena parte de los géneros más populares de la cultura de masas. La versión culta de estas historias se presentará bajo forma de literatura gótica y será el embrión del futuro relato de detectives.

*Relación verídica de un caso trágico y atroz acontecido*
*este mismo año de 1849 en un pueblo de las cercanías*
*[de Valladolid;*
*en la que el lector verá el ardid de una mujer para coger*
*[un ladrón,*
*asesino de su marido, con otros graves sucesos.*

## El gusto popular

Estas breves introducciones a los romances sangrientos que acabo de compartir provienen de los archivos de Joan Amades y fueron recopiladas por Isabel Segura. Si muchas de estas historias sobrevivieron hasta el día de hoy ha sido gracias al trabajo recopilatorio de investigadores como Amades. Además de los *romanços de sang i fetge*, sus archivos son un tesoro que alberga miles de piezas del siglo xix, desde las aleluyas (*auques*) que anticiparon la narrativa gráfica del cómic hasta carteles, abanicos, sombras chinas, estampas religiosas y cromos. Un catálogo de la cultura popular.

Jesús Martín-Barbero, quizás el primer investigador de la comunicación que, siguiendo los pasos de Julio Caro Baroja, llamó la atención sobre estas expresiones populares y las vinculó con las formas contemporáneas de los medios masivos, creía que «en esa cultura de la taberna y los romanceros, de los espectáculos de feria y la literatura de cordel» se conservaba un estilo de vida y una serie de valores, desde la espontaneidad hasta la ironía y la lealtad, que expresaban una «capacidad de goce que ni los clérigos ni los patronos pudieron amordazar». Textos ilegítimos, aguerridos y desafiantes, piezas sanguinolentas de clase B negadas por las bibliotecas que hoy se han convertido en fósiles mediáticos indispensables para comprender la evolución del gusto popular.

## Pesadillas

Hoy creemos que el mundo va demasiado rápido. Eso nos pasa porque no vivimos a comienzos del siglo XIX. Mientras en Francia se afianzaban ideas de ciudadanía, soberanía popular y derechos universales a golpes de guillotina, al otro lado del canal de la Mancha comenzaba la Revolución Industrial. Mecanización, capitalismo fabril y una nueva organización del trabajo transformaron las relaciones sociales y económicas. Ambas revoluciones desmantelaron las estructuras del Antiguo Régimen sin ahorrar sangre, sudor ni lágrimas.

Pocos textos capturaron mejor ese vértigo que el *Manifiesto comunista* de Marx y Engels: «Las relaciones inconmovibles y mohosas del pasado [...] se derrumban, y las nuevas envejecen antes de echar raíces. Todo lo que se creía permanente se esfuma». Una música maravillosa sonaba en los oídos de una nueva clase social que desde las fábricas se preparaba para cambiar el mundo. Los Estados se reforzaban. Fronteras bien definidas, burocracias centralizadas y lenguas sistematizadas servían como marcas de identidad nacional. Las ciudades, convertidas en centros de producción, no paraban de crecer. Espacios de conflicto, mezcla social y experimentación cultural. Un mundo en transformación.

Impulsada por la necesidad de contar con ciudadanos letrados y trabajadores cualificados, la alfabetización se difundía sin prisas ni pausas. Entre el humo y los engranajes surgieron nuevos géneros como la novela gótica, el policial y la ciencia ficción. Las imprentas ya no solo difundían manuales técnicos o himnos patrióticos: también reproducían textos incendiarios que, como el *Manifiesto*, cuestionaban el nuevo orden. Comenzaban a materializarse las peores pesadillas de la Modernidad.

## 15

# Fantasmagoría

En este viaje por los fósiles mediáticos ya visitamos la Girona del siglo XI cuando hablamos del Tapiz de la Creación. Ahora volveremos para hablar de una calavera y un espejo que se conservan en su Museo del Cine. Se cree que ambas piezas formaban parte de la ambientación de un espectáculo de fantasmagoría de comienzos del siglo XIX. Cuando se iluminaba el espejo por la parte posterior, aparecía la cabeza de un demonio rodeado de serpientes. La calavera tenía una lámpara en su interior que incendiaba la boca y las cuencas de los ojos. Combinadas con una serie de artilugios ópticos, estas piezas formaban parte de una primitiva pero infalible maquinaria mediática del terror.

Entre los objetos coleccionados por Tomás Mallol que hoy constituyen la base del museo también hay numerosas placas de vidrio para espectáculos de fantasmagoría. Todo museo dedicado a la prehistoria del cine que se precie de tal debe incluir algunas de estas placas en sus colecciones. Pero con las placas no era suficiente. Las aterradoras imágenes debían ser proyectadas en un entorno preparado para la ocasión. El terror se huele y se siente a flor de piel. Una experiencia multisensorial total.

## La linterna mágica

La linterna mágica es un dispositivo óptico que funciona como una versión inversa de la cámara oscura. En lugar de capturar imágenes, la linterna las proyecta hacia el exterior. Por mucho tiempo se creyó que su inventor había sido el padre jesuita Athanasius Kircher, quien la menciona en la segunda edición de su *Ars magna lucis et umbrae* de 1671. Otros arqueólogos de los medios prefieren atribuir su invención al neerlandés Christiaan Huygens. En un manuscrito de 1659, Huygens describe una especie de caja óptica con un sistema de lentes, una lámpara de aceite y una pequeña chimenea para dejar salir el humo. También explica cómo debían realizarse las placas con las imágenes. Pero no todos están conformes con esta historia: cada día toma más fuerza la hipótesis de que estos aparatos ya existían en la antigüedad y que incluso podrían haber inspirado la filosófica caverna de Platón. Proyecciones del pasado.

El primer texto en español donde se menciona la linterna mágica fue escrito por Juana Inés de la Cruz en 1682. El renovado interés por la óptica —no olvidemos que en ese mismo siglo habían nacido el microscopio y el telescopio—, la construcción de mejores lámparas, y el diseño de mecanismos para mover las placas y generar un primitivo efecto de *zoom*, permitieron a este bisabuelo del cinematógrafo alcanzar su madurez tecnológica. El medio ya estaba a punto. Ahora solo faltaba una narrativa que le diera vida. O muerte.

## Terror barroco

La fantasmagoría nace cuando la linterna mágica se cruza con el teatro. Como la ópera, la fantasmagoría aspiraba a convertirse en un espectáculo inmersivo total. A la proyección de espectros, seres diabólicos y personajes famosos muertos en una sala oscura se sumaba el uso narrativo de las placas, los precisos movimientos de las linternas, el olor a incienso y un entorno habitado por sonidos y voces que solo podían provenir del más allá. En un momento en que el terror del siglo XVIII seguía fresco y tanta muerte buscaba un lugar en la narrativa del XIX, la fantasmagoría se convirtió en uno de los espectáculos más populares.

Alrededor de la fantasmagoría prosperaron personajes no menos aterradores que los proyectados por la linterna mágica. Charlatanes como el creador de fantasmas (*Gespenstermacher*) Johann Georg Schrepfer aprovecharon el *new media* para materializar a los muertos sobre una cortina de humo y entablar un último diálogo con ellos. El mago Paul Phylidor no se quedó atrás. A finales del siglo XVIII recorrió Europa con un espectáculo de experimentos físicos e imágenes macabras que sedujo a las cortes de la época. Phylidor llegó a contratar a un pintor de miniaturas para personalizar los fantasmas y responder a pedidos específicos de sus desconsolados clientes. En un momento marcado por sangrientas revoluciones, decapitaciones y campañas militares con miles de muertos, eran muchos los que estaban dispuestos a pagar para ver a sus queridos difuntos. Algunos tenían pendiente una pregunta sin responder. Otros solo querían despedirse para siempre entre gritos y brumas. Eso sí: todos debían pasar por caja.

Inspirado por todos estos precursores, el gran espectáculo de fantasmagoría fue perfeccionado por Étienne-Gaspard Robert, más conocido como Robertson. Este físico e ilusionista belga fue quien mejor comprendió las posibilidades del medio y le incorporó una narrativa que nos permite situarlo entre los pioneros del género gótico, junto a artistas como el pintor Johann Heinrich Füssli, novelistas como Ann Radcliffe o Mary Shelley, y poetas como Novalis. Un cronista de 1798 describe en detalle uno de los actos de la función:

Un joven maravilloso solicita la aparición de una mujer a la que ha querido con ternura, le muestra su retrato en miniatura al fantasmagorizador, que arroja a las brasas plumas de gorrión, unos granos de fósforo y una docena de mariposas; pronto aparece una mujer, con el seno al descubierto y los cabellos al aire, fijando su mirada en su joven amigo con una sonrisa tierna y dolorosa. Un hombre grave, sentado a mi lado, exclama, llevándose la mano a la frente: «¡Dios mío!, creo que es mi mujer», y se retira temiendo que ya no se trate de un fantasma.

Jugando con los movimientos de las linternas y las transiciones entre placas, todo acompañado por su propia narración y una calculada superposición de efectos sonoros y visuales, Robertson materializaba los fantasmas de su audiencia. Su genio perfeccionó el arte del ver para creer hasta llevarlo a lo imposible. La sala, tétrica y oscura como una tumba, era el entorno ideal para enterrarse en las tinieblas e intercambiar unas palabras con los muertos. Robertson alternó sus exitosas presentaciones en París con breves intervenciones en Madrid, Berlín, San Petersburgo, Copenhague, Londres, Viena y Lisboa. En la cuarta página de su edición del 2 de febrero de 1821, el *Nuevo Diario de Madrid* nos confirma que Robertson adaptaba su espectáculo incorporando personajes bien conocidos por el público local:

La esperanza lisongera de complacer al respetable público de esta capital estimula a Robertson a ofrecer una variación completa, en lo que compone su fantasmagoría: él reproducirá efectos, escenas y cuadros que no han sido aun vistos. Los principales son la máscara de hierro, el despertador de los espíritus, el esqueleto que muda de posición, el escapado de los infiernos; las ofertas al amor ó lección adecuada á todas las edades; Hernán Cortés, Cervantes, Pelayo &c., &c., y se concluirá el expectáculo con la escena del sueño ó la pesadilla.

Robertson reservaba La Pesadilla para el final. La escena, claramente inspirada en una famosa pintura de Johann Heinrich Füssli, comenzaba con la imagen de una erótica joven rodeada de demonios. Uno de ellos presionaba su pecho con un yunque mientras mantenía un puñal suspendido sobre su corazón. Según describe el mismo Robertson en sus memorias, una mano «armada de unas tijeras corta el hilo fatal». El puñal cae y se clava en el cuerpo de la joven. Un escalofrío recorre la sala. En el último momento, el Amor llega para sanar la herida de la joven con pétalos de rosas. Fin del *expectáculo.*

## Los fantasmas de Benjamin

La fantasmagoría dominó el espectáculo óptico hasta la masificación del cine a fines del ochocientos. Si bien competía con el kinetoscopio de Thomas A. Edison y otros entretenimientos de feria, sus componentes macabros atraían multitudes. Walter Benjamin incluía la fantasmagoría dentro de las experiencias típicas de la Modernidad que lo obsesionaban: los pasajes de París, el noctambulismo, el folletín. La fantasmagoría era la metáfora ideal del capitalismo. Benjamin consideraba la alienación de las personas y la fetichización del capital un espectáculo óptico tan aterrador como seductor. En sus textos describía cómo «las nuevas formas de conducta y las nuevas creaciones basadas en la economía y las tecnologías que debemos al siglo XIX entran en el universo de la fantasmagoría». Los espectros del capitalismo también recorrían Europa.

La fantasmagoría capitalista alcanzaría su más luminosa proyección en la Exposición Universal de 1867, un evento que «glorificaba el valor de cambio de las mercancías» y abría las puertas de una fantasía donde «el hombre ingresa para distraerse». Benjamin pensaba que un día la fantasmagoría dejaría de ser la pantalla protectora del mundo capitalista. No cuesta mucho imaginar lo que escribiría hoy sobre los sapiens del siglo XXI, esa especie que pasa varias horas al día inmersa en mundos virtuales y *reels* infinitos impregnados de *branded-content*.

## Los medios y los miedos

Los medios generan miedo. Siempre. En la época de Miguel de Cervantes, leer libros era más que sospechoso, y leer muchos, posible causa de locura. Dos siglos más tarde esos temores seguían vivos. En el ochocientos, leer muchos libros todavía era considerado muy peligroso. Los mismos miedos se reactivaron cuando apareció el cine. Por entonces, alguien se preguntó si el público sería capaz de diferenciar la realidad de la ficción. Los mismos temores afloraron cuando la radio activó a las masas por medio de un micrófono y un puñado de mentiras repetidas muchas veces. Años más tarde, algunos políticos y periodistas convencieron a muchas familias estadounidenses de que leer cómics o ver televisión aumentaba los comportamientos violentos de sus hijos. Medio siglo después, se siguen repitiendo infantilmente las mismas falsas correlaciones a costa de los videojuegos y otras tecnologías digitales. Los medios nos asustan: les tememos, nos inquietan, pero no podemos prescindir de ellos. Los medios y los miedos formaron hace siglos una sólida pareja a prueba de divorcio.

# Redes

Dos procesos en apariencia opuestos definieron la Modernidad. Por un lado, la concentración urbana. Las masas se aglomeraban en metrópolis como París, que en 1850 alcanzaba el millón de habitantes, mientras Londres ya triplicaba esa cifra. Por otro, la expansión global. Las estructuras políticas y económicas no tenían límites y se desplegaban a escala planetaria. A fines del siglo XIX el Imperio británico reunía a 458 millones de personas, una cuarta parte de la población mundial, y se extendía por más de 35 millones de kilómetros cuadrados. Urbanización y globalización, metrópolis y colonias, eran dimensiones complementarias que formaban parte de un mismo proceso. Las ciudades favorecieron el desarrollo de nuevos medios como la fotografía, el kinetoscopio y el cine, mientras los imperios transoceánicos exigían sistemas de comunicación globales cada vez más rápidos y eficaces.

Podríamos decir que el telégrafo fue el primer medio de comunicación verdaderamente moderno. Eléctrico, rápido y limpio, sus líneas conectaban las grandes metrópolis imperiales con los confines coloniales del planeta. En 1872 Australia ya estaba unida a Europa por un cable submarino. No es casual que el periodista Tom Standage se refiriera al telégrafo como la «Internet victoriana».

Cuando en el futuro se cuente la historia de las comunicaciones de los últimos dos siglos, las continuidades entre el telégrafo e Internet serán más claras. A veces el tiempo, como el espacio, engaña. Lo que hoy parece lejano mañana será parte de un mismo paisaje histórico. El teléfono, la web y las plataformas digitales son nodos de una misma evolución mediática. Redes eléctricas que, como sinapsis globales colectivas, conectan a través de código binario a millones de ansiosos sapiens hambrientos de información.

16

# Telégrafo eléctrico

Tres importantes fósiles de homínidos se han perdido dejando un vacío en la historia de la evolución humana. Shanidar-1, un neandertal encontrado en Irak que presentaba signos de cuidados tras sufrir graves lesiones, desapareció durante la invasión estadounidense a ese país en 2003. *Orrorin tugenensis*, con sus seis millones de años y un papel clave en el origen del bipedalismo, fue descubierto en Kenia en 2000, pero su destino posterior sigue siendo un misterio. El caso más conocido es el del Hombre de Pekín, una colección de restos de *Homo erectus* que desapareció durante la Segunda Guerra Mundial. Esta valiosa colección de cráneos, mandíbulas y dientes fue descubierta en la cueva de Zhoukoudian en los años veinte del siglo pasado. Durante el conflicto, los restos se embalaron para ser enviados a Estados Unidos. Desaparecieron en 1941 y nunca más se supo de ellos. Algunos creen que los fósiles iban en el SS President Harrison, un vapor capturado por los japoneses pocos días después del ataque a Pearl Harbor. Otros sospechan que llegaron a Estados Unidos. También corre el rumor de que quedaron enterrados debajo de un aparcamiento en una vieja base de los marines.

En la larga historia de la evolución mediática también hay fósiles perdidos. De ellos solo nos quedan los planos en una marchita solicitud de patente o algún viejo grabado. Tal es el caso del telégrafo de Francisco Salvà.

Solemos vincular la invención de un medio a un nombre. La imprenta está unida a Johannes Gutenberg como el cinematógrafo a los hermanos Lumière o el iPod a Steve Jobs. Esta visión de la tecnología se basa en una teoría heroica de la invención, donde una sola persona asume la creación de un nuevo dispositivo de comunicación. Las tecnologías son siempre el resultado de la interacción, no siempre cooperativa, de muchas personas, grupos e instituciones. El telégrafo no es la excepción. Para poner en foco el desarrollo del telégrafo eléctrico debemos repasar primero la historia del telégrafo óptico.

Si han leído o visto *El Señor de los Anillos* no será necesario remitirnos a la guerra de Troya, cuando Agamenón, según cuenta Esquilo en *La Orestíada*, enviaba noticias del frente troyano a través de una larga cadena de hogueras. Mandar mensajes por medio de señales luminosas es quizás una de las más viejas formas de comunicación a larga distancia. Pero los estados absolutistas del siglo XVIII necesitaban redes de comunicación más seguras y eficientes para controlar sus territorios. Los desplazamientos de tropas tras la Revolución francesa hicieron imprescindible un sistema rápido de intercambio de mensajes. En 1792, el Gobierno de París contrató a Claude Chappe para que construyera la primera red moderna de telegrafía óptica. El 19 de julio de 1794 se recibió en París el primer telegrama visual anunciando la reconquista de Landrecies y Condé durante la guerra de la Primera Coalición. El nuevo medio se estrenaba con buenas noticias.

La línea entre Lille y París contaba con 22 estaciones ubicadas cada diez kilómetros. El sistema, operativo solo durante el día, se basaba en un mástil con varillas capaces de crear cerca de 200 combinaciones. Las torres estaban equipadas con dos catalejos para enlazar visualmente las estaciones adyacentes. En su apogeo, la red francesa superó los 5.000 kilómetros. Napoleón la convirtió en un instrumento fundamental de su expansión política y territorial. Los británicos, siempre atentos a lo que pasaba al otro lado del canal de la Mancha, también desarrollaron su propia red óptica conectando Londres con Deal, Portsmouth y Plymouth. Ahí donde un jinete tardaba cinco horas en llevar un mensaje a la capital, el telégrafo óptico lo hacía en siete minutos y medio. España tampoco se quedó atrás. Después de estudiar el sistema francés y el inglés, Agustín de Betancourt creó un modelo propio aprobado en 1799 por Carlos IV. Para entonces, el nuevo siglo se abría paso a todo vapor y traía algo aún más eficiente que las señales mecánicas del telégrafo óptico.

A finales del siglo XVIII, algunos inventores comenzaron a pensar en la electricidad, el fluido de moda en laboratorios y salones intelectuales, como posible medio de comunicación. En 1746, el clérigo Jean-Antoine Nollet conectó a doscientos monjes mediante un alambre metálico y les aplicó una leve descarga eléctrica. Además de poner a prueba la fe de sus hermanos, confirmó la increíble velocidad de propagación de la electricidad. Medio siglo más tarde, Alessandro Volta inventaría la pila eléctrica. En 1816, Francis Ronalds instaló un sistema experimental de telegrafía eléctrica en Londres con trece kilómetros de cable y relojes sincronizados. El francés André-Marie Ampère propuso cuatro años después un telégrafo basado en agujas magnéticas. Ese es el entramado social y tecnológico donde debemos ubicar al creador del fósil que nos ocupa en este capítulo. El fósil perdido de Francisco Salvà.

## Polímatas

Según el diccionario de la Real Academia, un polímata es una «persona con grandes conocimientos en diversas materias científicas o humanísticas». Los polímatas, escribe el filósofo Alejandro Piscitelli, «están interesados y aprenden sobre muchos temas para inventar nuevos problemas», son seres «anfibios y bifrontes» para los cuales «es tan importante teorizar como experimentar». Francisco Salvà y Campillo (1751-1828) entra con comodidad en esa categoría. Fue médico, físico, científico e inventor. Además de la medicina que estudió en Valencia y Toulouse, su curiosidad lo llevó a explorar otros campos como la meteorología, la mecánica y la electricidad. Salvà fue activista de la salud pública, luchó contra la viruela y reivindicó la mejora de la higiene y las condiciones de vida del proletariado urbano que por entonces comenzaba a formarse en Barcelona. Experimentó con pararrayos y globos aerostáticos, diseñó instrumentos científicos y propuso un vehículo submarino para rescatar náufragos. La curiosidad de este Benjamin Franklin catalán era proverbial y no conocía fronteras.

Salvà presentó en 1795 a la Real Academia de Ciencias y Artes de Barcelona un nuevo sistema de comunicación en su *Memoria sobre la electricidad aplicada a la telegrafía.* Su mayor contribución llegaría en 1804, con la *Memoria segunda sobre el galvanismo aplicado a la telegrafía.* El segundo informe describía un innovador sistema de telegrafía que usaba la pila de Volta para generar corriente y la electrólisis del agua como método para detectar los impulsos eléctricos. El telégrafo de Salvà era quizás rudimentario comparado con los desarrollos posteriores, pero tenía una sólida fundamentación teórica. Un sistema de cables conectaba emisores y receptores, mientras que las señales se identificaban por la aparición de burbujas de hidrógeno en recipientes con agua. Un telégrafo líquido. Aunque no llegó a implementarse, las ideas de Salvà anticiparon elementos clave de la telegrafía eléctrica moderna, como el uso de la batería de Volta como fuente de energía. «Es preciso que la electricidad pueda hablar», escribió en su informe de 1795. Salvà no era un simple inventor. Como buen polímata, estaba poniendo en palabras el futuro.

*Hashtag* neandertal.
39.000 años de antigüedad. Cueva de Gorham, Gibraltar.

Cueva de las Manos.
12.000 años de antigüedad. Santa Cruz, Argentina.

Vaso de Caylus.
Entre el 485 y 465 antes de nuestra era. Egipto. Biblioteca Nacional de Francia, París.

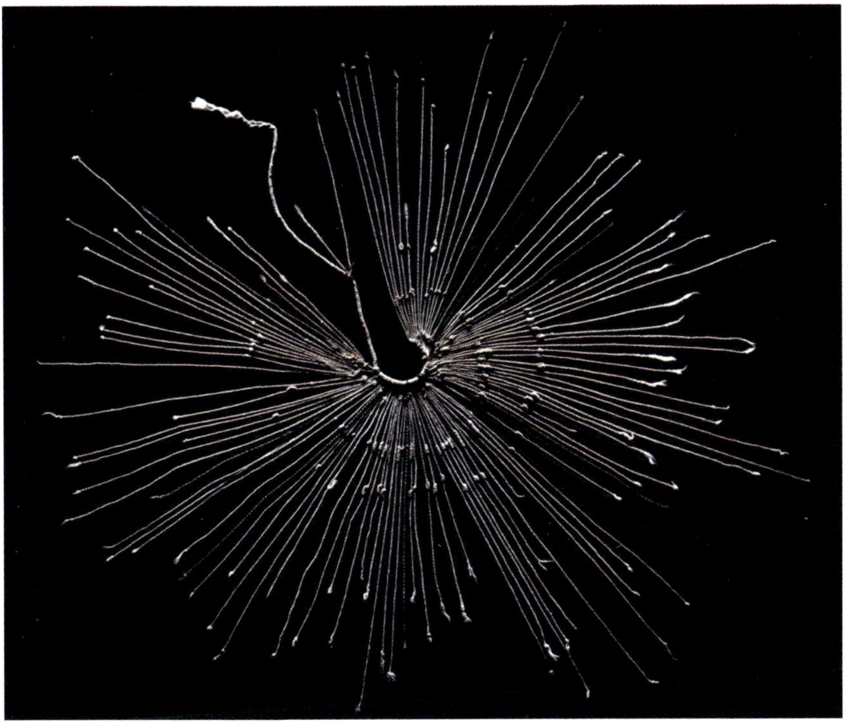



Quipu.
*C.* 1430-1530. Pacasmayo, Perú. Museo Británico, Londres.

Papiro de Ani.
XIX dinastía, *c.* 1250 antes de nuestra era. Tumba de Ani, Tebas, Egipto. Museo Británico, Londres.

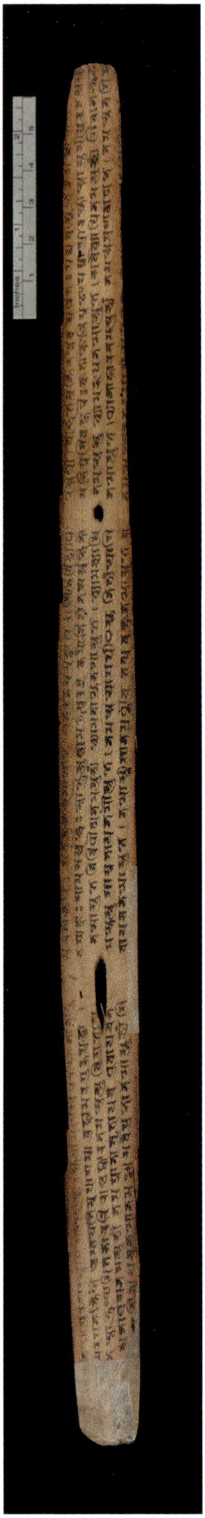

*Pārameśvaratantra.*
*C.* 1090, India o Bangladesh.

Códice maya.
Período maya clásico, 600-900. Campeche, México.

*Les Très Riches Heures.*
*C.* 1412-1489. Francia.
Museo Condé,
Chantilly, Francia.

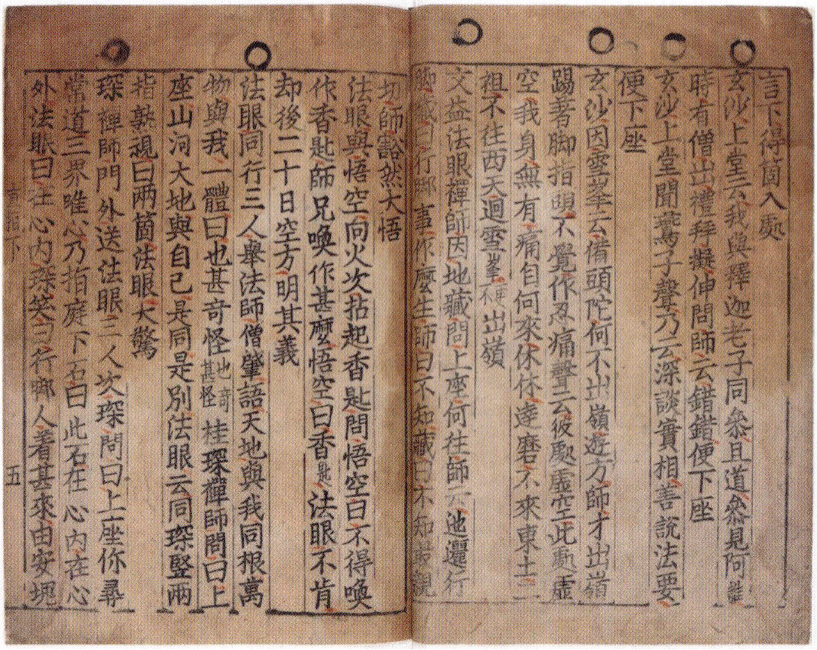



*Jikji.*
1377, Corea. Biblioteca Nacional de Francia, París.

Tapiz de la Creación.
Siglo XI. Girona. Museo Capitular de la Catedral de Girona, España.

Tablillas *rongo-rongo.*
*C.* siglos XVIII-XIX. Isla de Pascua.

Manuscritos de Tombuctú.
*C.* 1775. Tombuctú, Mali. Bibliotecas de Tombuctú.

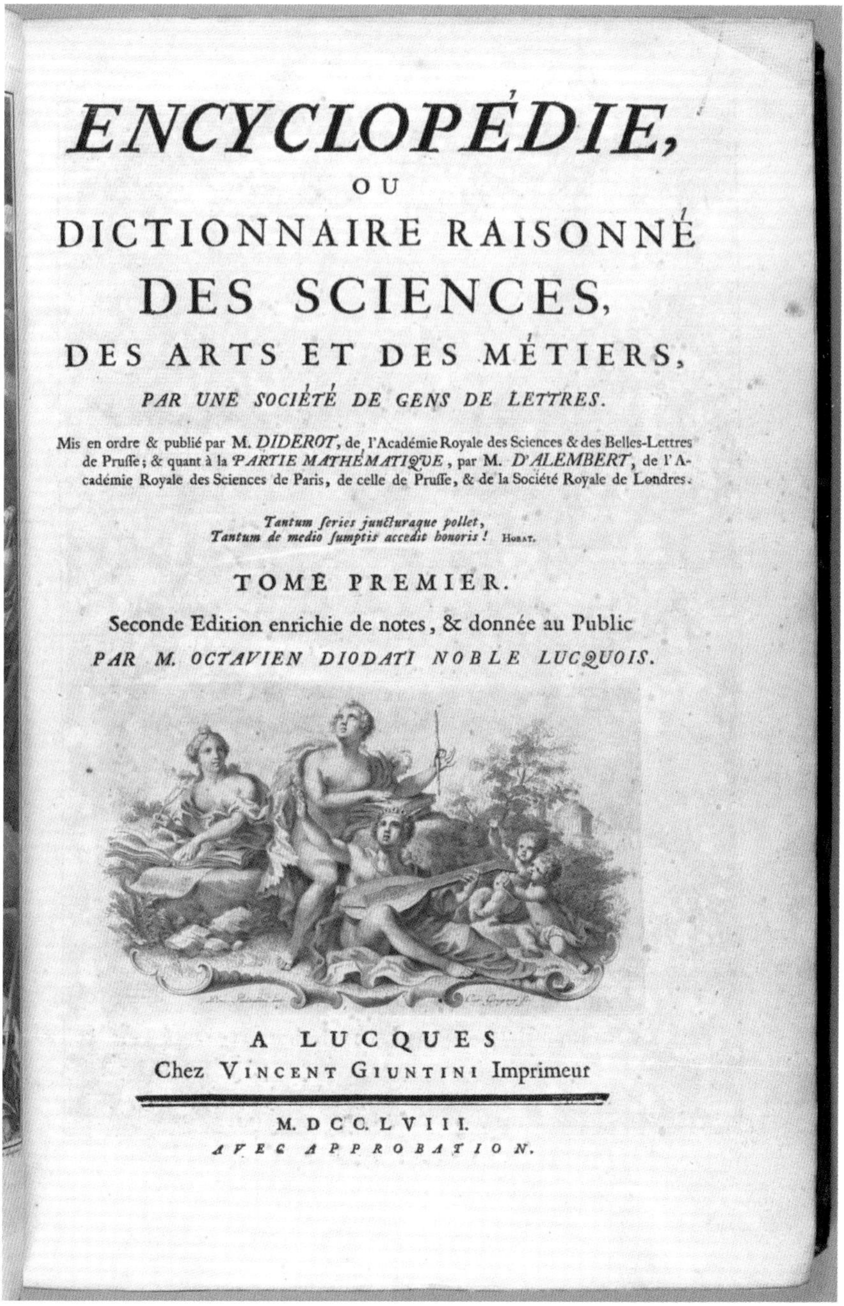

# ENCYCLOPÉDIE,

OU

DICTIONNAIRE RAISONNÉ

DES SCIENCES,

DES ARTS ET DES MÉTIERS,

*PAR UNE SOCIÉTÉ DE GENS DE LETTRES.*

Mis en ordre & publié par M. *DIDEROT*, de l'Académie Royale des Sciences & des Belles-Lettres de Pruſſe; & quant à la *PARTIE MATHÉMATIQUE*, par M. *D'ALEMBERT*, de l'Académie Royale des Sciences de Paris, de celle de Pruſſe, & de la Société Royale de Londres.

*Tantum ſeries juncturaque pollet,*
*Tantum de medio ſumptis accedit honoris!* Horat.

TOME PREMIER.

Seconde Edition enrichie de notes, & donnée au Public

*PAR M. OCTAVIEN DIODATI NOBLE LUCQUOIS.*

A LUCQUES

Chez VINCENT GIUNTINI Imprimeur

M. DCC. LVIII.

*AVEC APPROBATION.*



*Encyclopédie.*
1758-1771. París, Francia. Metropolitan Museum of Art, USA.

**Acontecimientos acahecidos en Barcelona y sus cercanías, en las cuales han desaparecido algunos niños de corta edad segun lo manifiesta la prensa.**

A los padres y á las madres
y á todos en general,
daréles sanos consejos
y diréles la verdad.
Muchos lloramos los hijos
si algun descuido fatal,
los separa del regazo
y cuidado maternal.
Eso es falta de cuidado
ò por el tiempo ahorrar,



Romances sangrientos.
Siglos XVI-XIX. España. Associació Cultural Joan Amades / Universitat de Barcelona.

Tienda de *romanços* junto al convento de San Agustín. (Barrio de la Ribera, Barcelona.) Según el grabado en un sainete publicado en 1850 y recopilado por Joan Amades en 1984.

Fantasmagoría.
Demostración de apariciones con el Phantasscope de Robertson, 1797. Francia.

Telégrafo eléctrico.
El primer transmisor inalámbrico inventado por Marconi, *c.* 1895. Museo Guglielmo Marconi

Daguerrotipo.
Boulevard du Temple, 1838. París, Francia. Sociedad Francesa de Fotografía, París.

Postal.
Theodore Hook, 1840. Reino Unido. Actualmente en una colección privada.

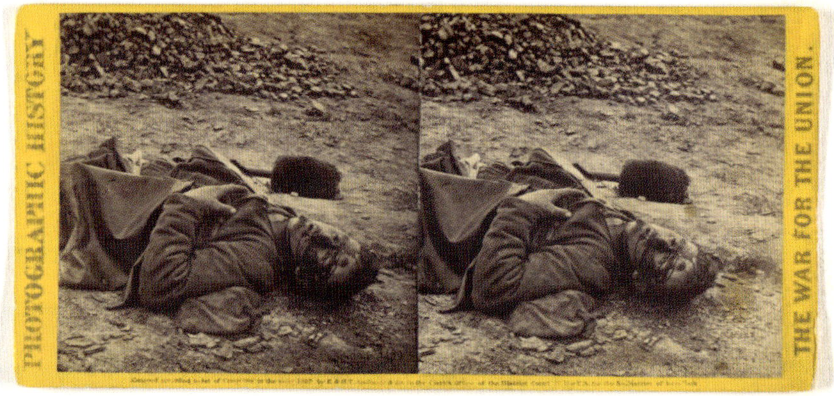




Estereograma.
*C.* 1860-1870. Francia. Soldado muerto en las trincheras durante el asalto a Petersburgh, Virginia. Librería del Congreso de Estados Unidos.

Fax.
Belinógrafo, creado por Édouard Belin en 1912. Museo de Artes y Oficios, París.

Kodak Brownie.
1900. Rochester, Nueva York, Estados Unidos. George Eastman Museum.

Polaroid.
1948. Minnetonka, Minnesota, Estados Unidos. Swiss Camera Museum.

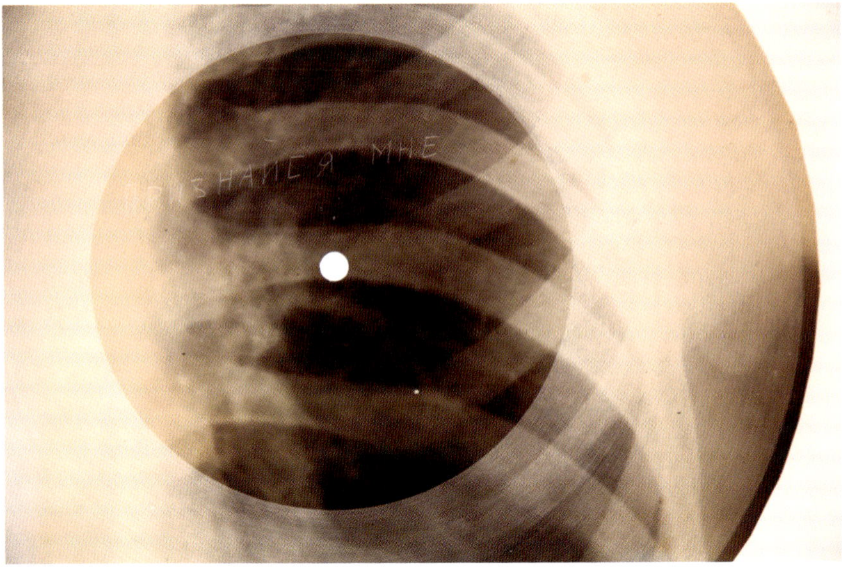



Discos hueso.
1946-1970. Unión Soviética. Ahora en colecciones privadas.

Walkman.
1980. Japón.
Museo de Arte
Moderno, Nueva
York, Estados
Unidos.

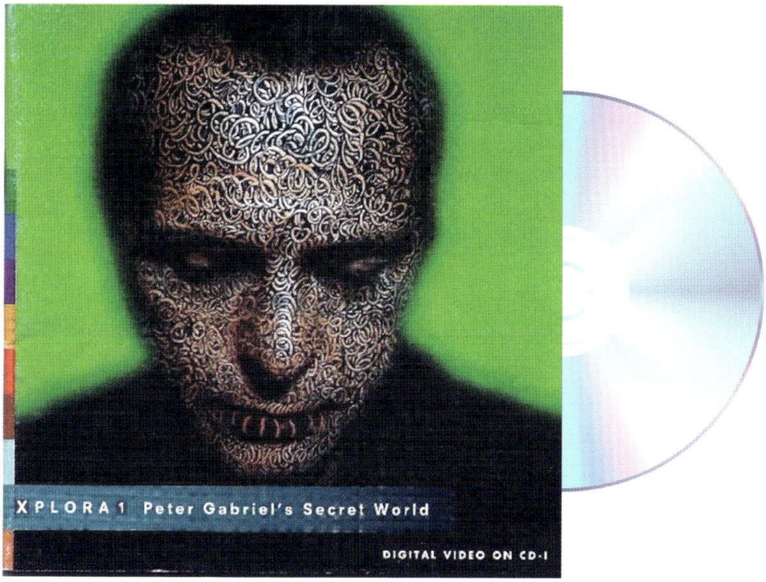




Disco compacto.
*XPLORA1*. Peter Gabriel. 1994. Reino Unido.

iPod.
2001.
California,
Estados Unidos.
Museo de Arte
Moderno,
Nueva York,
Estados Unidos.

Louis Daguerre, *Coquillages et fossiles, daguerréotype, c.* 1839. Museo de Artes y Oficios, París.

El ferrocarril pedía a gritos un telégrafo. Para evitar accidentes frontales en las zonas donde las vías eran únicas, los trenes británicos debían sincronizar su recorrido. En sus primeros años el telégrafo creció siguiendo el mapa de las líneas férreas. El ahorro era evidente: muchas vías no se desdoblaron gracias a esta tecnología que permitía gestionar el flujo de vagones. El telégrafo también liberó las vías en los horarios en que no pasaban trenes, permitiendo el transporte particular de productos agrícolas por medio de pequeñas vagonetas. Las empresas ferroviarias no tardarían en utilizarlo para enviar todo tipo de mensajes. La comercialización masiva del nuevo medio estaba a solo un par de estaciones de distancia.

El 6 de agosto de 1844 nació Alfred Ernest Albert, cuarto hijo de la reina Victoria y duque de Sajonia-Coburgo y Gotha. El acontecimiento fue inmediatamente transmitido a los ministros y la prensa a través de las líneas telegráficas. *The Times* saludó «la extraordinaria potencia del telégrafo electromagnético». Varios trenes cargados de invitados partieron para el gran banquete que se organizaría en Windsor. El duque de Wellington, que viajaba en el primer tren, se había olvidado su traje de gala en Londres. Gracias a un oportuno telegrama pudo hacérselo enviar en el siguiente convoy. Pero la consagración definitiva del *new media* llegaría en enero del año siguiente, cuando un criminal huyó después de envenenar a su esposa. Alertada del crimen, la policía envió un mensaje a la estación de Paddington:

> Se acaba de cometer un asesinato en Salt Hill. Se ha visto al sospechoso tomar un billete de primera clase para Londres, en el tren que parte a las 7:42 p. m. Está vestido como cuáquero, con un abrigo marrón que le llega casi a los pies. Está en el último departamento del segundo vagón de primera clase.

No solo el telégrafo era veloz. El malvado John Tawell fue colgado en público el 28 de marzo de 1845 en la plaza del mercado de Aylesbury en medio de la algarabía de los vecinos. Según la prensa de la época, los cables del telégrafo habían ahorcado al feminicida.

## La Internet victoriana

En el siglo XIX, escribe Tom Standage en *The Victorian Internet*, «no había televisores, aviones, computadoras ni naves espaciales; tampoco había antibióticos, tarjetas de crédito, hornos microondas, discos compactos ni teléfonos móviles. Sin embargo, existía Internet». ¿Una Internet en el siglo XIX? Durante el reinado de Victoria, una tecnología disruptiva transformó la relación entre espacio y tiempo, permitiendo la circulación de mensajes casi instantáneos a escala global. Con sus cables atravesando océanos y continentes, el telégrafo modificó el comercio, impulsó la aparición de nuevas formas de delincuencia y generó un flujo inédito de información. En sus cables se tejieron amores y se descifraron códigos secretos inviolables. Sus defensores lo exaltaron con entusiasmo. Los escépticos lo criticaron sin piedad. Los Gobiernos intentaron regularlo y múltiples instituciones, desde el periodismo hasta la diplomacia, debieron adaptarse. Una subcultura propia emergió en torno a la red telegráfica. Suena familiar todo esto, ¿no? Cualquier parecido con las redes digitales no es simple coincidencia. Escribir sobre los fósiles del pasado implica también entablar una conversación con los medios del presente. Los viejos dispositivos nos interpelan. Nos cuentan historias no tan diferentes de las actuales y nos ayudan a imaginar el futuro. Dios salve a la Internet victoriana.

## Alquimistas

Uno de los errores más comunes al contar la historia de la comunicación es presentarla como una secuencia lineal de tecnologías. Primero la cámara oscura, luego el daguerrotipo, más tarde la fotografía, después el cine y la televisión. La realidad, por fortuna, es más compleja. En la segunda mitad del siglo XIX, múltiples sistemas de captura de imágenes compitieron sin tregua. Daguerrotipos, estereogramas, cianotipos, ferrotipos, ambrotipos, talbotipos. Cada uno poseía su propia materialidad y reivindicaba sus exclusivos procesos químicos de fijación. Solo un sistema resultaría vencedor.

Ralph Waldo Emerson lo había anticipado en 1835: «Nuestra era es ocular». Casi dos siglos después, Joan Fontcuberta hacía un balance de la situación: «Si la fotografía nos hablaba del pasado, la posfotografía nos habla del presente, porque lo que hace justamente es mantenernos en un presente continuo que es la tierra de nadie». Ahí donde Kodak prometía capturar momentos efímeros, el teléfono inteligente nos instala en un ahora dilatado como experiencia de vida. En la vieja fotografía la luz se transformaba en materia. En la posfotografía, se convierte en código. Nuestra era es ocular y digital.

A fines de 2025, mientras doy los últimos retoques a este libro, los sapiens habremos tomado unos dos billones de fotos solo este año. Eso equivale a 5.300 millones por día, 61.400 fotos por segundo. El 95 por ciento de esas imágenes se captaron con teléfonos móviles. Y cada día se comparten 14.000 millones de imágenes en redes sociales, con WhatsApp a la cabeza. Para 2030 podríamos tener 30 billones de fotos en el planeta. Eso sin contar las imágenes generadas por la inteligencia artificial. Y todo comenzó cuando unos alquimistas de la imagen, en sus laboratorios caseros del siglo XIX, decidieron jugar con la luz.

# 17

# Daguerrotipo

¿Cuál fue la primera fotografía? O mejor. ¿Cuál fue el primer daguerrotipo, el sistema fotoquímico que anticipó las técnicas fotográficas en la década de 1830? ¿O deberíamos preguntarnos cuál fue la primera reproducción heliográfica, un sistema aún más antiguo que abrió el camino a desarrollos tecnológicos posteriores? Formular estas preguntas es como sonsacar a un naturalista cuál fue el primer reptil o qué fósil tenemos de la primera ave que surcó los cielos jurásicos. Las respuestas no pueden más que ser ambiguas. Y las preguntas siguen. ¿Cuál fue la primera representación fotográfica de un ser humano? ¿Y de un animal? ¿Cuándo se obtuvo la primera foto aérea? Más que hablar de un único fósil mediático, en este capítulo construiremos un álbum polifónico colmado de imágenes, pioneros e invenciones.

Muchos historiadores remiten los orígenes de la fotografía a la cámara oscura, esa caja misteriosa que servía para realizar experimentos ópticos y facilitar las reproducciones pictóricas. Las milimétricas perspectivas venecianas de Canaletto no hubieran sido posibles sin esta caja mágica. Pero el verdadero desafío consistía en fijar de forma duradera esas imágenes. A comienzos del siglo XIX, Thomas Wedgwood lo intentó cubriendo superficies de papel y cuero con sustancias fotosensibles como el nitrato de plata, pero sus imágenes se desvanecían poco después de estar expuestas a la luz. ¿De qué sirve una imagen que no se puede ver? Como las etéreas fantasmagorías, estas protofotografías eran efímeros espectros del pasado destinados a la desaparición.

## Escrituras con sol

En 1820, el francés Nicéphore Niépce inventó un procedimiento fotoquímico conocido como heliografía o «escritura con sol». Conocedor de las técnicas litográficas, Niépce disolvió en aceite de lavanda una sustancia fotosensible conocida como betún de Judea y la extendió sobre placas metálicas. Al exponerlas a la luz mediante la cámara oscura consiguió endurecer las zonas iluminadas y eliminar con solvente las áreas no expuestas. Lo más importante de este rudimentario y largo proceso es que la imagen permanecía sobre la superficie. Su obra más célebre, *Vista desde la ventana en Le Gras* (1824), es considerada la primera fotografía de la historia. La heliografía logró lo imposible: establecer una relación estable entre luz, química y representación, inaugurando así el régimen técnico de la imagen fotográfica. Había nacido la era ocular.

Pero la primera fotografía de Niépce no era todavía una fotografía. Era una pieza única que no podía ser reproducida. Tras su muerte en 1833, Louis Daguerre prosiguió con sus investigaciones. Daguerre experimentó con placas de cobre recubiertas de plata y sensibilizadas con vapores de yodo que, tras ser expuestas a la luz en la cámara oscura, revelaban la imagen mediante mercurio. Este proceso, promocionado bajo el nombre de daguerrotipo, permitía obtener imágenes de una nitidez por entonces sin precedentes. Al no existir un negativo que permitiera reproducirlas, seguían siendo fotos condenadas a la soledad.

La obra más célebre de Louis Daguerre, *Boulevard du Temple* (1838), es considerada la primera fotografía donde aparecen figuras humanas: un lustrabotas y su cliente. Samuel Morse, el pionero de la telegrafía, quedó fascinado al verla: «Los daguerrotipos no pueden considerarse copias de la naturaleza, sino porciones de la naturaleza misma». Pero el *Boulevard* no fue el primer daguerrotipo. Un año antes Daguerre ya había inmortalizado su estudio en *Intérieur d'un cabinet de curiosité* (1837), un experimento exitoso que se ganó un lugar en los libros de historia de la fotografía. En el reverso de este bodegón Daguerre escribió de puño y letra: «Prueba utilizada para dejar constancia del descubrimiento del daguerrotipo, ofrecida al señor de Cailleux por su devoto servidor». ¿Una prueba fotoquímica? *Intérieur d'un cabinet de curiosité* era mucho más. La imagen proponía una puesta en escena reflexiva que reivindicaba el valor artístico del *new media.* ¿Otro medio que aspiraba a la totalidad? *Cabinet de curiosité* es el nombre que recibían las *Wunderkammern* en Francia.

Paisajes urbanos, bodegones, retratos. Los protofotógrafos intentaban reproducir los encuadres y sujetos de la pintura. Podríamos decir que estos pioneros tenían la tecnología, pero desconocían todavía el lenguaje del nuevo medio. La primera fotografía estaba remediando un medio anterior: la pintura. Como decía Marshall McLuhan, *el contenido de un medio siempre es otro medio.* A mediados del siglo XIX la pintura era el contenido de la naciente fotografía, así como el teatro fue el contenido de las primeras expresiones narrativas cinematográficas. Este patrón se repite cada vez que aparece un nuevo medio. Pasó con la fotografía, el cine y la radio. La televisión, la web o las redes sociales tampoco fueron la excepción. Primero siempre aparece la tecnología, el dispositivo de comunicación, y solo después, con el tiempo, se desarrollan su lenguaje y rutinas de uso. *El contenido de un nuevo medio es siempre un viejo medio.*

Volviendo al *Intérieur d'un cabinet de curiosité*, Daguerre estaba tan entusiasmado con su imagen que se la presentó al influyente director del Louvre, Alphonse de Cailleux, con la esperanza de que diera a conocer el invento entre los artistas. Los movimientos posteriores de Daguerre demuestran que su entrada en el circuito artístico no se concretó. Su siguiente proyecto fue la comercialización del daguerrotipo mediante la venta de licencias a mil francos cada una. Recorriendo París con su voluminoso aparato de cincuenta kilos montado en un carro, Daguerre se aseguró una considerable publicidad a coste cero. Sus conciudadanos reaccionaron con recelo. Les resultaba incomprensible tanto palabrerío. No vendió ni una sola licencia. Del Louvre a las calles, y de ahí a la prestigiosa Academia de Ciencias. Daguerre volvía a cambiar de estrategia. François Arago, secretario permanente de la Academia, reconoció la importancia del invento y propuso la audaz idea de que el Gobierno francés le comprara la licencia y pusiera la tecnología a disposición de todo el mundo. Paul Delaroche, el gran pintor de escenas históricas, dejó constancia de la operación en su célebre obituario: «Desde hoy la pintura ha muerto».

## Negativos

Todavía quedaba pendiente un proceso técnico. Todos los experimentos y formatos que mencionamos hasta aquí tenían una restricción: se limitaban a reproducir una única imagen; es decir, no se podían hacer copias. Para eso tenemos que hacer comparecer a William Henry Fox Talbot. En paralelo al daguerrotipo francés, este británico desarrolló un enfoque alternativo que daría origen a un paradigma fotográfico más duradero: el talbotipo. A partir de 1834, Talbot trabajó con papel sensibilizado mediante una solución de nitrato y yoduro de plata, que, tras su exposición, producía un negativo químicamente fijado. Este negativo podía luego ser utilizado para producir múltiples copias positivas. Había nacido la reproductibilidad técnica, que es como decir que finalmente había nacido la fotografía.

¿Quién inventó la fotografía? Como en el caso del telégrafo, decenas de pioneros a ambos lados del Atlántico formaron parte de una trama tecnológica difícil de reconstruir dos siglos más tarde. Esta opacidad en el origen no es exclusiva de la fotografía ni del telégrafo. Lo mismo pasa con muchos otros medios y tecnologías. A pesar de Elon Musk o Sam Altman, dentro de un siglo se barajarán varios nombres a la hora de atribuir la invención de la inteligencia artificial generativa. Por más que nos excite unir una tecnología a un inventor, detrás de cada medio siempre anida una densa red de nombres, prototipos, intereses y pasiones. Ningún medio tuvo un único autor. El que pudo hacer algo, lo hizo.

## Los primeros fotógrafos

Si los primeros tipógrafos amenazaron con sus letras de plomo a los *scriptores* que desde hacía siglos copiaban libros en los monasterios, la fotografía también generó inesperados efectos colaterales en otras profesiones. En primer lugar, los pintores de retratos y miniaturas se sintieron más que amenazados. La confrontación con la pintura era descontada. Charles Baudelaire comentó que el *new media* se estaba convirtiendo en «el refugio de todos los pintores fracasados, demasiado poco capacitados o demasiado perezosos para acabar sus estudios». Una vez estandarizados los procesos reproductivos, el medio no requería mucha formación ni una gran inversión. Grabadores, ópticos, ingenieros, joyeros, relojeros, cerrajeros, carpinteros, dentistas e incluso albañiles, fabricantes de lámparas y persianas, tenderos y hojalateros se lanzaron con pasión a monetizar los daguerrotipos. Solo algunos de estos «mercachifles y charlatanes», como los calificó Walter Benjamin, sobreviviría en la profesión después de unos pocos años. La fotografía, en su origen, también tuvo algo de burbuja.

## Fotosociología

No hay una fotografía, sino varias. Tenemos la fotografía como medio social, popular y masivo que instauró una nueva relación entre las imágenes, la memoria y los sujetos. También la fotografía entreverada con las prácticas artísticas y científicas. Hace más de medio siglo el sociólogo Howard Becker llamó la atención sobre un hecho: la fotografía y la sociología nacieron casi al mismo tiempo. No es del todo casual que la ciencia positivista se entrecruce con el desarrollo de la imagen fija. Desde el principio, las dos se propusieron la exploración de la sociedad. Una imagen ¿vale más que mil encuestas?

Lo mismo podría decirse de las relaciones peligrosas entre la fotografía y expresiones artísticas como la literatura o la pintura. Miren un cuadro anterior a 1850. Reparen en el encuadre, observen con atención el montaje de la escena y cómo se posiciona el ojo del pintor frente a ella. Ahora compárenla con cualquier pintura realizada a partir de la segunda mitad del siglo XIX. El encuadre es diferente. La forma de recortar la escena, el posicionamiento de sus actores y el punto de vista han cambiado. ¿Qué pasó? La mirada de los pintores se había transformado. Se había convertido en una mirada fotográfica. Así como hay una lectura antes y después del libro impreso, existe una mirada antes y después de la fotografía. De la misma manera, podemos adelantar que habrá una escritura antes y después del ChatGPT.

*Be ready, my friends.*

# Nómades

Resulta difícil comprender las vertiginosas transformaciones del siglo XXI sin mirar hacia el siglo XIX. En 1814, *The Times* incorporó la máquina de vapor a sus imprentas, y en 1851 Inglaterra quedó unida al continente a través de un cable telegráfico submarino. En palabras de Stefan Zweig, esa era la Europa de verdad, la que percibía simultáneamente todos los acontecimientos «con un solo cerebro y un solo corazón».

La Revolución Industrial envolvió el planeta con ferrovías de acero y cables de cobre. Tras poblar todos los continentes, los sapiens nos adentramos en el Antropoceno, una era geológica en la que nuestras actividades alteran cada vez más los ecosistemas naturales. Algún día se deberán contabilizar las toneladas de cobre o los miles de árboles talados para construir las líneas telegráficas que unían Londres con Bombay, Ciudad del Cabo, Shanghái y Sídney. Los medios también dejan su huella ecológica.

La constitución de grandes unidades político-económicas a escala planetaria aumentó la necesidad de generar, intercambiar y archivar información. Esa era la linfa vital de los nuevos imperios. El telégrafo y la fotografía se sumaron a la prensa de masas para configurar un espacio mediático inédito. Pero el siglo XIX fue también escenario de megaespectáculos donde se teatralizaban el progreso y la supremacía occidentales. El Crystal Palace erigido en Hyde Park en 1851 fue una *Wunderkammer* de la era industrial donde cabía todo un imperio. Mientras tanto, el turismo comenzaba a dar sus primeros pasos, anticipando la movilidad de masas del siglo XX. Nómades por naturaleza, los sapiens nunca dejamos de viajar. Nos desplazamos por placer, para comerciar o hacer la guerra. Y todo eso necesita ser contado.

18

# Postal

«Todos somos peregrinos que buscan Italia», escribió Johann Wolfgang von Goethe al regreso de su mítico viaje por la península entre 1786 y 1788. A medida que las revoluciones avanzaban por Europa a paso redoblado, los jóvenes intelectuales decidieron huir al sur, hacia el Mediterráneo, como escapando de la decadencia de un régimen a punto de expirar. El *Mare Nostrum* no era solo la última frontera que los separaba de los exotismos africanos y orientales. Era también una máquina del tiempo. Previa escala en París, el Grand Tour incluía una estancia existencial en Venecia, una obligada visita a las ruinas del Capitolio romano y una caminata por las ruinas de Pompeya descubiertas en 1739. Los viajeros no volvían con las manos vacías. Estos impetuosos jóvenes regresaban con grabados del Duomo de Florencia o restos arqueológicos que, regateados a los saqueadores de tumbas, influenciaron el arte europeo de finales del siglo XVIII. Las experiencias visuales del Grand Tour realimentaron la fuga de los excesos del Barroco y fortificaron las columnas helénicas del Neoclasicismo.

El Grand Tour pasó a mejor vida cuando viajar se convirtió en una experiencia cada vez más masiva. De la creación artesanal a la producción en serie de mercancías estandarizadas, del viaje en vehículos con tracción equina a una humeante serpiente de metal desenredándose por Europa, todo lo que toca el capitalismo se agiganta y acelera. *More is more*. La ola industrializadora no podía más que transformar ese circuito turístico reservado a las élites intelectuales. Sería ahí, en ese mundo en vías de globalización, donde la postal encontraría su caldo de cultivo ideal. Pero antes tendrá que morir mucha gente en los campos de batalla europeos. También se viajaba para matar.

## Penny Penates

El nacimiento de la postal como medio de comunicación tiene sus raíces en 1840, cuando el 14 de julio el británico Theodore Hook se envió a sí mismo la primera tarjeta ilustrada, una rareza recursiva que mostraba un grabado humorístico de trabajadores postales. Conocida como Penny Penates, esta pieza fue certificada por la Asociación Filatélica Británica como la postal más antigua del mundo. Su valor se incrementó aún más al saberse que había sido franqueada con el Penny Black, el primer sello postal de la historia. Lo que comenzó como un juego autorreferencial de Theodore Hook en pocos años se convirtió en un fenómeno típico de la modernidad industrial. Durante las décadas siguientes las tarjetas ilustradas comenzaron a ganar popularidad en Europa. «Nuestro tiempo prefiere la imagen a la cosa, la copia al original, la representación a la realidad», alertaba en 1841 el filósofo Ludwig Feuerbach.

El desarrollo de la postal se vio impulsado por la misma evolución de los sistemas de correo y la estandarización de las tarifas y formatos. En 1865, durante la Conferencia Postal organizada en Karlsruhe (Alemania), el secretario de Correos Heinrich von Stephan propuso por primera vez el uso de una hoja postal abierta (*open post-sheet*) que simplificara el envío de mensajes. Aunque la idea fue inicialmente rechazada por una suma de motivos, desde el temor a una posible caída de ingresos hasta la ausencia de privacidad, esta ya estaba implantada. Cuatro años más tarde, el nuevo estándar, un formato a mitad de camino entre las cartas manuscritas y el telegrama, fue aceptado e integrado en el sistema postal. En los primeros tres meses el Gobierno austrohúngaro, uno de sus grandes promotores, vendió más de dos millones de postales. Ese fue solo el inicio. El *boom* de la postal estalló en 1870 con la guerra entre Francia y Prusia.

### *Souvenir de la Défense Nationale*

Pocos días antes del inicio del conflicto, con prusiana precisión, el canciller Otto von Bismarck dictaminó que la parte frontal de la postal debía contener «un formulario destinado a la dirección». El reverso se reservaba en su totalidad para los mensajes escritos. La letra debía ser clara. La dirección y el mensaje podían «escribirse con tinta, lápiz, lápiz rojo u otro material para colorear». El orden de la escritura en tiempos de guerra.

Las tarjetas franqueadas y listas para enviar estaban disponibles en todas las oficinas de correos o se podían solicitar a los carteros. Durante la guerra fueron una de las formas preferidas de comunicación entre los soldados y sus familias. Los mensajes más repetidos eran frases breves del tipo «sigo vivo» o «estoy bien». Del otro lado del frente también experimentaban con nuevos formatos. El librero francés Léon Besnardeau puso en circulación pequeñas piezas ilustradas con artefactos bélicos para que los soldados contactaran con sus familiares. Podemos imaginar la alegría de las madres al recibir un pequeño rectángulo con una breve frase manuscrita enmarcada por dos cañones entrecruzados y las palabras *Famille*, *Honneur*, *Patrie* y *Liberté*.

El final de la guerra y la creación en 1874 de la Unión Postal Universal facilitaron la difusión definitiva del nuevo medio. Junto con el telegrama, las postales fueron el otro gran formato de comunicación interpersonal estandarizado nacido en el siglo XIX. Como el código Morse o el lenguaje HTML de las páginas web, solo un proceso internacional de normalización podía generar un sistema global de comunicación. El desarrollo del turismo impulsado por los nuevos medios de locomoción y la organización de eventos con gran poder de atracción hicieron el resto. Las exposiciones universales, quizás los acontecimientos tecnoculturales más representativos del siglo XIX, favorecieron el envío de pequeñas piezas ilustradas que proclamaban las maravillas de la modernidad europea. Durante la Exposición Universal de París de 1889 las imágenes de la torre Eiffel dieron la vuelta al mundo. Comenzaba la edad de oro de la postal.

## Postales de guerra

Durante la Gran Guerra del 14, como decían nuestros bisabuelos, los mensajes que venían de las trincheras buscaban tranquilizar a las familias. La escritura era escueta, sin dar demasiada información para poder sortear la censura militar: «Te escribo desde el frente. Todo va bien. El ánimo es bueno. No te preocupes. Te quiero». Se calcula que en la Primera Gran Guerra murieron diez millones de combatientes y otros tantos civiles. Una masacre a escala industrial.

La Segunda Gran Guerra multiplicaría por cuatro esas cifras. Y las postales seguían ahí, contando de manera breve y contundente las carnicerías de los sapiens. Al llegar a Auschwitz-Birkenau, Zdena Isidor alcanzó a enviar una postal a su prima Olga en Praga. Para eludir la censura, en lugar del nombre de pila de su prima escribió *Lechem*, la palabra hebrea para *pan*. Se estaba muriendo de hambre. Zdena entró en la cámara de gas antes de que su prima recibiera el mensaje. ¿Una postal enviada desde un campo de concentración? La máquina de exterminio nazi era tan perfecta que permitía a algunos prisioneros enviar postales para transmitir al exterior una ilusión de legalidad. Otros las dejaban caer de los trenes. Como la última postal de Anna Ventura enviada el 24 de febrero de 1944. El pequeño rectángulo fue arrojado del convoy que la trasladaba a Auschwitz al cruzar la frontera entre Italia y Austria: «A mis muy queridos. Mi moral está muy alta. Nos veremos pronto. Muchos besos para todos. Todos mis pensamientos son para vosotros. Nina». Con la esperanza de que alguien la encontrara, en la otra cara de la tarjeta escribió: «Por favor, envíe esta postal por correo». Palabras náufragas en medio de un mar salvaje y embravecido.

### Infoxicación

Hoy vivimos en una sociedad inundada de contenidos donde reina la intoxicación informativa. Nos cuesta procesar tanta materia textual. Esa situación a menudo nos lleva a pensar que en el pasado la comunicación era muy pobre y los intercambios más que limitados. Nada más lejos de la realidad. Se calcula que durante la Primera Gran Guerra circulaban *diariamente* en el Reino Unido cerca de dos millones de postales entre el frente y la retaguardia, una cantidad que, en el caso de Francia, alcanzaba los cuatro millones. El Imperio alemán gestionaba hasta dieciséis millones de piezas por día. Creíamos haber descubierto la infoxicación, pero solo vivimos en la onda expansiva de un viejo estallido que no para de crecer.

### Postales con fotos reales

No podemos comprender la historia de un medio si no lo vinculamos con otras especies mediáticas. La masificación de la fotografía y la difusión de máquinas populares como la Kodak Brownie no podían dejar de afectar la evolución de las postales. Tanto es así que nacieron las *real-photo postcards.* Empresas como Kodak comenzaron a fabricar un papel fotográfico más grueso que simplificaba la transferencia directa de los negativos a cartulinas en formato estándar. La *real-photo postcard* no era otra cosa que una postal con una fotografía en lugar de una reproducción impresa. Esto facilitó la personalización de las imágenes y fomentó la documentación de todo tipo de eventos sociales, desde alegres fiestas de cumpleaños y matrimonios hasta no menos festivos fusilamientos y ejecuciones. Entre las fotografías convertidas en postales —escribe Monica Cure en *Picturing the Postcard*— había «imágenes de carnicerías durante las guerras internacionales, descarrilamientos de trenes británicos, ejecuciones francesas y, en los Estados Unidos, linchamientos por motivos raciales». Las imágenes de odio que hoy proliferan en las redes sociales tampoco son un invento del siglo XXI. Ya estaban presentes en el muro analógico de las postales.

### El aura

Podríamos estar páginas y páginas escribiendo sobre estas pequeñas piezas de cartón. Walter Benjamin y Franz Kafka las amaban. A mediados de la década de 1920, Benjamin imaginó un ensayo sobre la «Estética de la postal». El proyecto no se materializó, pero su obsesión por comprar, escribir, enviar, recibir, leer y coleccionar postales, heredada de su abuela materna, nunca menguó.

Como cualquier otro *old media*, al final de su ciclo vital las postales dejaron de ser un popular medio de comunicación interpersonal para replegarse y convertirse en un objeto artístico. Siguiendo las huellas de Benjamin podemos decir que la postal, un vulgar producto de la cultura de masas, terminó adoptando el aura de las obras de arte. Infinidad de artistas encontraron en las postales un medio expresivo de fácil circulación que los invitaba a explorar ese formato. El coleccionismo creció de forma paralela a su expansión como medio de comunicación. *España Cartófila*, la primera revista ilustrada dedicada a las postales, se comenzó a editar en Barcelona en 1901.

¿Y qué fue de la vida de la primera postal, la que se envió a sí mismo Theodore Hook en julio de 1840? La compró en 2002 en una subasta el coleccionista lituano Eugene Gomberg por 31.750 libras esterlinas, incluidas comisiones e impuestos. Como corresponde, la compra se realizó a distancia a través de una línea telefónica.

# Equilibrio puntuado

La Modernidad transformó la vida social de los sapiens. No solo rediseñó las ciudades con megaconstrucciones o reformuló la política con las revoluciones liberales. Los tiempos modernos cambiaron la forma de ver ese mundo en transformación. Los ojos eran los mismos, pero la mirada era otra. ¿Qué motivó ese cambio? ¿Fue solo un efecto colateral de la aparición de cámaras fotográficas, kinetoscopios y cinematógrafos?

A mediados del ochocientos ocurrió algo que hoy nos resulta familiar: la aceleración tecnológica. En paleontología la aparición de nuevas especies biológicas en un corto período se conoce como *equilibrio puntuado*. Lo mismo pasa con los medios. En pocas décadas se pasó del telégrafo y la fotografía a una explosión de nuevos dispositivos y experiencias mediáticas. Los arqueólogos de los medios disfrutan mucho excavando los estratos del siglo XIX. Como la sierra de Atapuerca, el ochocientos es un yacimiento donde los esfuerzos científicos siempre se ven recompensados.

Entre las especies mediáticas del siglo XIX hay una que, a pesar del olvido, resulta fascinante: el estereograma. Nacido del mismo entorno fotográfico que el daguerrotipo, el cianotipo o el ambrotipo, pasó sin pena ni gloria de las vitrinas de los comercios a los museos. ¿Por qué nos interesa? Porque en ese fósil mediático se esconden los orígenes del cine en tres dimensiones y los mundos virtuales inmersivos del metaverso. La evolución de los medios revela que las innovaciones más recientes pueden tener raíces muy antiguas.

# 19

# Estereograma

La ciudad de Turín fue durante siglos sede de la casa de Saboya. Su fascinación por el antiguo Egipto los llevó a promover exploraciones y adquirir colecciones que hoy son el orgullo del Museo Egipcio de Turín. El museo conserva varios fósiles mediáticos que bien podrían figurar en este libro. Como el Papiro de los Reyes, clave para reconstruir la cronología faraónica; el Papiro Erótico-Satírico, único por su contenido profano y grotesco, o el Libro de los Muertos de Iuefankh, un rollo de casi 19 metros muy parecido al Papiro de Ani que vimos en el quinto capítulo. También podría haber escrito sobre el Papiro de la Huelga, que relata la primera protesta laboral registrada en la historia, protagonizada por obreros de Deir el-Medina bajo el reinado de Ramsés III, o el Papiro del Complot del Harén, el cual documenta el intento de asesinato del mismo faraón en una conspiración liderada por una de sus mujeres. Pobre Ramsés III, no ganaba para sustos.

Turín esconde otros misterios. No muy lejos del Museo Egipcio, en la extravagante Mole Antonelliana, se encuentra el Museo Nacional del Cine, una de las mejores colecciones de fósiles de la prehistoria del cinematógrafo. Ahí se custodian decenas de miles de fotografías, carteles, películas y, lo que más nos interesa, cientos de dispositivos de visionado de los siglos XVIII y XIX. En sus salas abundan las linternas mágicas, mundonuevos, *polyoramas panoptiques*, taumatropos, fenaquistiscopios, zoótropos, praxinoscopios, kinetoscopios y una infinita variedad de aparatos de proyección previos a la invención de los hermanos Lumière. También en las salas del Museo Nacional del Cine se podrían escribir varios capítulos de este libro. Por ahora nos ocuparemos de un único fósil, quizás el menos rimbombante de todos: el estereoscopio.

## La mirada estereoscópica

La estereoscopía permite percibir dos imágenes planas como si fueran una única representación. Al estar separados, cada ojo ve la realidad con una perspectiva ligeramente distinta. El cerebro superpone ambas imágenes bidimensionales enviadas por las retinas y produce a nivel cortical una representación tridimensional. Para ver una fotografía estereoscópica necesitamos un visor con dos lentes. El estereoscopio fue inventado por el británico Charles Wheatstone en 1832 y perfeccionado por David Brewster, quien lo presentó con gran éxito en la Exposición Universal de Londres de 1851. Todos los caminos tecnológicos conducían a la *Wunderkammer* de Hyde Park.

El cambio en la percepción era impactante. Ya no se trataba de contemplar una perspectiva representada sobre una superficie como se venía haciendo desde el Renacimiento. La fotografía estereoscópica abría la ventana a un pequeño mundo virtual, provocando una por entonces inédita sensación de inmersión. El médico y escritor Oliver Wendell Holmes, creador de un exitoso visor estereoscópico *low-cost,* escribió en el *Atlantic Monthly* de junio de 1859 que «el primer efecto de contemplar una buena fotografía a través del estereoscopio es una sorpresa como ninguna pintura jamás ha producido. La mente se adentra en las profundidades de la imagen. Las ramas raquíticas de un árbol en primer plano se extienden hacia nosotros como si quisieran arrancarnos los ojos». La imagen estereoscópica iba a por la mirada.

Como el cómic y otros medios considerados *kitsch*, los estereogramas sufrieron el desprecio de los académicos. Por su gran popularidad y baja reputación, no pocos investigadores de la fotografía los miraban con desconfianza o directamente los cancelaban del índice de sus libros. Los artistas más lúcidos e inquietos, en cambio, supieron ver lo que otros ignoraban. Marcel Duchamp, quizás el artista de su generación más atento a las formas populares de la comunicación, recurrió a esta tecnología en su *Stéréoscopie à la Main* (1918), un paisaje marítimo intervenido a mano. También Salvador Dalí experimentó con la pintura estereoscópica en los años sesenta. Uno de los grandes promotores de la recuperación de los estereogramas ha sido Brian May, el guitarrista de Queen, que multiplicó hasta el infinito los ecos de su instrumento para darle profundidad a las canciones. Un efecto estereoscópico musical.

## Muerte tridimensional

Describimos el medio pero no dijimos nada del mensaje. ¿Qué imágenes se veían en los estereoscopios? Lo de siempre: retratos, paisajes, estampas de la vida cotidiana. Ya hablamos de ellas en el capítulo dedicado a los daguerrotipos. Mejor dirigir nuestro objetivo hacia otro tipo de fotografías estereoscópicas, quizás menos conocidas pero mucho más trágicas y crueles. Las *Diabléries* eran estereogramas franceses protagonizados por infernales esqueletos y pequeños diablos que satirizaban la decadencia social bajo el reinado de Napoleón III. Estas imágenes fueron creadas modelando figuras de terracota, luego fotografiadas con cámaras estereoscópicas y finalmente coloreadas a mano. Las más famosas las realizó Louis Alfred Habert entre 1860 y 1870. Quizás se inspiró en las danzas macabras medievales. Al igual que en los romances sangrientos y las fantasmagorías, los espectros del mundo medieval seguían vivos en las *Diabléries.*

En Estados Unidos la difusión de la fotografía estereoscópica coincidió con la guerra de Secesión, un conflicto que dejó sobre el terreno unos 700.000 cadáveres y unas heridas sociales que nunca terminaron de cicatrizar. En la Biblioteca del Congreso o en la Sociedad Histórica de Nueva York se conservan cientos de estereogramas de ese período. Las fotografías que han sobrevivido se dividen en dos categorías: imágenes de vivos o de muertos. Del lado de acá, oficiales y soldados posando durante un momento de tregua, retratos de políticos (Lincoln) y generales (Custer) o momentos de distensión en la retaguardia. Del lado de allá, trincheras atiborradas de cadáveres, cañones y ferrocarriles destruidos, enfermerías improvisadas donde se hacía lo que se podía e incluso un soldado afroamericano ahorcado (¿traidor o enemigo?). La guerra de Secesión fue el primer conflicto de la era industrial que involucró buques a vapor, ametralladoras, trenes, telégrafos y fotografías. El estereograma no se iba a perder el espectáculo de tanta muerte.

## El horror

Las fotografías estereoscópicas horrorizaron a Charles Baudelaire. Su encono venía de antes, de los primeros daguerrotipos que abrieron la puerta a la reproducción fotoquímica del mundo real. Según el poeta, la fotografía alentaba entre las masas el deseo de un arte «absoluto» e «idéntico a la naturaleza». Incapaz de ver las posibilidades estéticas del *new media*, estaba convencido de que el invento de Daguerre mataría el arte: «Un Dios vengador ha atendido a los ruegos de esta multitud. Daguerre fue su Mesías». En un texto de 1859, Baudelaire arremetió contra los estereogramas. Inspirado en las mismas imágenes satánicas de las que venimos hablando o, peor aún, en los pasatiempos pornográficos tridimensionales para el placer individual, escribió en *El público moderno y la fotografía*:

> Poco tiempo después, millares de ojos ávidos se inclinaban sobre los agujeros del estereoscopio como sobre los tragaluces del infinito. El amor a la obscenidad, que es tan vivaz en el corazón natural del hombre como el amor a sí mismo, no dejó escapar tan buena ocasión de satisfacerse. Y no se diga que los niños que regresaban de la escuela eran los únicos en disfrutar de esas tonterías: suscitaron el entusiasmo de todos. He oído a una hermosa dama, una dama de la buena sociedad, no de la mía, contestar a los que le ocultaban discretamente semejantes imágenes, encargándose así de sentir el pudor en su lugar: «Dénmelo, no hay nada demasiado fuerte para mí».

Baudelaire se rebeló contra ese artilugio que llevaba a abandonar el territorio de los sueños para representar con precisión inmersiva el mundo exterior.

Un hilo invisible une los romances sangrientos de la literatura de cordel, las vaporosas fantasmagorías y estos macabros estereogramas que destilan muerte. En todos ellos se expresan las pesadillas, miedos y terrores de una sociedad sometida a un profundo doble cambio, tanto en su cuerpo colectivo como en la psique individual. En solo unas décadas, masas de agricultores habían abandonado la campiña, que luego sería mitificada por el Romanticismo, para radicarse en las metrópolis y sumarse a las líneas de montaje. A estas heridas fabriles se sumaron otras. En Europa las guerras napoleónicas dejaron miles de muertos y redibujaron con sangre el mapa continental. En Estados Unidos dos modelos económicos y políticos, uno liberal-industrial y otro conservador-esclavista, resolvieron su conflicto a golpes de cañón y *flashes* fotográficos. Tanto dolor debía expresarse de alguna manera.

## Coevoluciones

El estereoscopio confirmó un dato para nada marginal: el mundo que vemos no es otra cosa que un ensueño óptico.

Y aquí podemos retomar algunas de las preguntas que nos hicimos sobre las transformaciones de la mirada en la Modernidad. Marshall McLuhan no dudaría en responder que esos cambios fueron consecuencia de las nuevas tecnologías de la comunicación. Los medios construyen ambientes que modelan nuestra percepción y cognición. No es lo mismo crecer leyendo libros que mirando una pantalla con imágenes en movimiento.

No todos los académicos lo ven igual. El teórico del arte Jonathan Crary postula precisamente lo contrario. El cambio de la mirada se habría producido *antes* de la explosión de nuevos medios en la segunda mitad del siglo XIX. Según Crary, debemos buscar sus orígenes no tanto en los dispositivos tecnológicos, sino en una nueva concepción filosófica de la percepción visual. Goethe y Hegel habían definido la observación como un juego de fuerzas e interacciones, una concepción que se realimentaba con los estudios de óptica y las investigaciones sobre el funcionamiento del ojo humano. La cultura nos estaría diciendo qué y cómo mirar.

Para no caer en determinismos tecnológicos o culturales, quizás nos convenga también a nosotros cambiar de mirada. ¿Por qué no pensar que fue la interacción entre todos estos componentes filosóficos, científicos y tecnológicos la que moldeó la mirada moderna? La teoría evolutiva nos ofrece un concepto, el de *coevolución*, que nos puede servir para evitar los determinismos y captar la complejidad del mundo que nos rodea. Dicho en menos caracteres: los sapiens coevolucionamos con los medios, los medios coevolucionan con los sapiens.

## Convergencia

Los sapiens hemos demostrado una capacidad extraordinaria para fusionar tecnologías. En el Paleolítico la combinación de la piedra tallada con el fuego dio lugar a puntas de lanza endurecidas que facilitaron la caza y ampliaron las posibilidades de supervivencia. La unión de los acueductos con la rueda dio origen a los molinos hidráulicos. Esta invención permitió producir papel o moler cereales a gran escala, mejorando así la alimentación biológica y cultural de nuestra especie. Si en la evolución natural priman las divergencias, en la tecnológica reinan las convergencias.

A diferencia de las especies biológicas, que no pueden cruzarse –y en las pocas veces que lo consiguen sus descendientes son infértiles–, los artefactos creados por la humanidad pueden combinarse entre sí para dar lugar a nuevas entidades. Linajes tecnológicos muy separados se cruzan para producir nuevos especímenes, que a su vez se fusionan con otros. La promiscuidad tecnológica no tiene límites.

Los medios siguen la misma lógica. Gutenberg unió la prensa para hacer vino con pequeñas piezas de metal fundido, el papel y una tinta oleosa que secaba rápido. Una empresa de Cupertino fusionó el reproductor musical de archivos MP3 con el teléfono celular y la navegación web para crear un revolucionario *smartphone*. Estas convergencias no solo son una muestra de la chispa creativa de los sapiens: también nos permitieron adaptarnos y transformar los entornos a nuestra imagen y semejanza. Y algo más: en cada convergencia se confirma que el todo es más que la suma de sus partes.

20

# Fax

Cada vez que se cuenta la historia de una tecnología se suele hablar exclusivamente en términos de *éxito*. La repetida imagen de Steve Jobs sacando de la chistera el dispositivo que revolucionaría el mundo es la expresión más refinada de este mito. Por más que las grandes corporaciones se esfuercen en ocultarlo, el campo de la comunicación fue abonado con una buena dosis de fracasos. Hay medios cuya historia es una interminable sucesión de *epic fails*.

## Dos líneas tecnológicas

La situación a comienzos del siglo XIX era la siguiente: los trenes salían de las minas de carbón y se lanzaban a la conquista del mundo, el Imperio británico se expandía a todo vapor y la Revolución Industrial marcaba el pulso con sus pistones y válvulas. Además del vapor, una nueva fuerza mucho más limpia y enigmática se perfilaba en el horizonte: la electricidad. El año clave es 1837. Fue entonces cuando los caballeros William Fothergill Cooke y Charles Wheatstone (el mismo del estereoscopio) patentaron un telégrafo eléctrico basado en una serie de agujas que transmitían las letras del alfabeto. Del otro lado del Atlántico, Samuel Morse hacía lo mismo con un sistema muy parecido que empleaba el célebre código que lleva su nombre. Morse envió su primer telegrama el 11 de enero de 1838 a través de un cable de tres kilómetros en Nueva Jersey. Seis años más tarde, el telégrafo unía las 37 millas que separan Washington de Baltimore. Comenzaba la era de la comunicación telegráfica.

En Francia, Nicéphore Niépce y Louis Daguerre experimentaron con diferentes productos químicos para fijar imágenes captadas por una cámara oscura. Los primeros daguerrotipos, creados a fines de la década de 1820, necesitaban muchas horas, incluso días, de exposición. El 7 de enero de 1839 Louis Daguerre presentó el primer proceso fotográfico integral en la reunión de la Academia de Ciencias de Francia. Esto pasó un año después de que inmortalizara al lustrabotas y su cliente en el Boulevard du Temple. Comenzaba la era de la comunicación fotográfica.

Ahora podemos hacer converger estas dos líneas evolutivas que describimos en los capítulos anteriores. En la cuarta década del siglo XIX, dos tecnologías de la comunicación emergentes, una eléctrica y la otra química, empezaban a estar lo suficientemente maduras como para entrar en su fase de consolidación y comercialización a gran escala. Era obvio que antes o después alguien trataría de fusionar el telégrafo con la fotografía para transmitir imágenes a distancia por medio de cables eléctricos. Pasar de la idea al producto nunca fue tan complicado.

## El sueño del fax

En 1843 el escocés Alexander Bain registró la patente de un *electric printing telegraph*. La tecnología sería perfeccionada por Frederick Bakewell, quien para variar presentaría un prototipo en la Exposición Universal de 1851. Si la evolución biológica se exhibía en el Museo de Historia Natural, la tecnológica se exponía en Crystal Palace. Como en Silicon Valley, la competencia era feroz y el *branding* no se daba tregua. Cada año aparecían nuevos sistemas que prometían enviar imágenes a distancia, como el pantelégrafo de Giovanni Caselli, que a duras penas consiguió vender algunos aparatos en Francia, el Reino Unido y Rusia. A diferencia de la fotografía, un medio destinado al mercado *consumer*, no resultaba fácil imponer el fax. Más que vender un dispositivo de uso individual, se trataba de convencer a los Gobiernos de que apostaran por un sistema todavía más cercano al *vaporware* que a un medio de comunicación estable y confiable.

Desde mediados del ochocientos hasta bien entrado el nuevo siglo, infinidad de inventores, técnicos y emprendedores intentaron con mayor o menor fortuna comercializar una máquina capaz de enviar imágenes a distancia. No se trataba, por cierto, de una banda de improvisados. Muchos eran reconocidos líderes de la industria telegráfica, telefónica o electrónica que contaban con el respaldo de grandes infraestructuras y capitales. El fax era la gran esperanza, el medio donde todos querían invertir pero que nadie conseguía hacer despegar. Incluso el paradigma tecnológico no estaba en discusión. Como escribe Jonathan Coopersmith en *Faxed. The rise and fall of the fax machine*, el concepto básico no había cambiado desde 1843. Los tres componentes principales eran y seguían siendo el escáner-transmisor, el medio de transmisión y el impresor-receptor. Hacer funcionar estas tres piezas de manera armónica fue un interminable desafío que dejó un inmenso yacimiento de fósiles mediáticos para la posteridad.

## Telefotos

¿A quién le interesaba el fax? Si el telégrafo era un popular medio de comunicación individual que también explotaban las grandes corporaciones, desde las ferroviarias hasta las financieras y militares, el fax tenía un radio de acción limitado a los medios informativos y las fuerzas armadas. Desde la aparición del *Illustrated London News* en 1842 quedó claro que incluir imágenes en los diarios ayudaba a vender más ejemplares. En 1904, el *Daily Mirror* se convirtió en el primer periódico en publicar una telefoto de la visita del rey Eduardo VII a París. Si el telégrafo había potenciado la inmediatez informativa de la prensa, las telefotos podían multiplicar el impacto visual de las *breaking news*. En diciembre de 1921, *Popular Science* festejaba el envío de una foto del presidente estadounidense Warren Harding de Maryland a París gracias al dispositivo perfeccionado por el francés Édouard Belin. Gracias al belinógrafo, uno de los tantos antecesores del fax, la imagen solo tardó veinte minutos en cruzar el Atlántico.

Los militares también miraban el fax con buenos ojos. La transmisión instantánea de mapas y fotos de las posiciones enemigas era una ventaja comparativa demasiado grande que tentaba a los hombres de verde oliva. También la información meteorológica se prestaba para ser transmitida en forma de imágenes. Durante la Segunda Guerra Mundial, explica Coopersmith, el fax se integró en el frente de combate como un «recluta con mucho potencial» y terminó la contienda como un «confiado veterano». El mercado *consumer*, el que aseguraría las grandes ganancias y la consolidación definitiva de este medio, seguía siendo una deuda pendiente.

En la posguerra la innovación en la transmisión de imágenes pasó de Estados Unidos a Japón. Por entonces el país oriental estaba a punto de tomar la delantera en la producción electrónica. El amor de los japoneses por el fax perdura hasta nuestros días. Los ideogramas *kanji* se prestan para ser compartidos a través de un medio de transmisión gráfico. Incluso en la era de las redes digitales y las aplicaciones móviles muchos japoneses prefieren seguir confiando en el fax para solicitar una entrevista o adelantar un pedido a un restaurante. En su maravilloso *El elogio de la sombra*, Junichiro Tanizaki escribe que si los japoneses hubieran inventado el gramófono o la radio «habríamos conseguido aparatos que sacasen mayor partido a las características de nuestras voces y de nuestra música». A diferencia del alfabético telégrafo, el fax era el medio de comunicación que mejor sintonizaba con la música de los *kanjis*.

### *Business is business*

Recién en la década de 1970 el fax consiguió superar la masa crítica y convertirse en un medio de comunicación popular en el entorno empresarial. Podemos hablar de un verdadero *boom* del fax en esos años. Sin ofender a la máquina de café, el fax y la fotocopiadora se convirtieron en electrodomésticos de presencia obligada en todas las oficinas, desde las pymes hasta las grandes multinacionales.

A veces los medios llegan con demasiada antelación. En 1992 Apple lanzó el Newton, un Personal Digital Assistant que fue alumbrado de forma prematura y terminó siendo uno de los fracasos más épicos de la empresa de Cupertino. En otras ocasiones los medios llegan demasiado tarde. La edad dorada del fax duraría poco. El ciberprofeta y director del Media Lab del MIT Nicholas Negroponte se encargó de crucificarlo sin pena ni gloria en su clásico *El mundo digital* publicado en 1985: «Esta máquina es una gran mancha en el paisaje de la información, un paso hacia atrás cuyas consecuencias padeceremos durante mucho tiempo». La difusión de la World Wide Web y la imbatible combinación de correo electrónico, escáner y formato PDF decretarían la progresiva marginación del fax.

La tecnología digital es tan voraz que terminó fagocitando al fax. En 1985, una *startup* introdujo en el mercado GammaFax, una tarjeta que permitía enviar imágenes desde un PC a un receptor de fax. ¿Un fax digital? El llamado *e-fax*, *online fax* o *Internet fax* goza de una mala salud de hierro en pleno siglo XXI. Me dicen que incluso existen máquinas virtuales de fax para teléfonos inteligentes. Una vez más, el contenido de un nuevo medio es un viejo medio.

El viejo fax, como el disco de vinilo o la cámara de fotos analógica, todavía da batalla. Muchos financistas o médicos, no solo japoneses, lo utilizan para intercambiar información privada fuera de los ojos de las grandes corporaciones que han hecho de los datos personales su principal materia prima. También lo encontramos en los más altos niveles de la diplomacia, por ejemplo, en las negociaciones secretas entre Estados Unidos e Irán durante las guerras del Golfo. A diferencia de los mensajes digitales, las imágenes del fax son más difíciles de interceptar y filtrar. Todavía nadie inventó el *faxleaks*.

## París en el siglo xx

Las expectativas generadas por el fax siempre fueron excesivas. En 1863, Julio Verne imaginó que en el París de 1960 el envío y recepción de imágenes a distancia sería una práctica habitual. Si los componentes que conforman el fax ya estaban disponibles a mediados del siglo XIX, ¿por qué tardó tanto en consolidarse como medio de comunicación? Los motivos no eran pocos e iban desde su lentitud para procesar y enviar las imágenes hasta el elevado coste. El fax y sus predecesores nunca pudieron terminar de despegar en un entorno donde proliferaron servicios más económicos como el teléfono, el télex o incluso el correo aéreo o expreso. Otro elemento que limitó el despegue del fax fue la gran variedad de formatos incompatibles entre sí. Los nombres tampoco ayudaban. La transmisión de imágenes a distancia fue conocida como facsímil, belinógrafo, telégrafo copiador, pantelégrafo, telégrafo automático, telégrafo autográfico, pictotelégrafo, telefoto, radiofotograma y otros monumentos al prefijo.

Por último, si bien no menos importante, debemos agregar las exageradas expectativas que promovían los expertos en marketing en sus arengas. En 1971, los dirigentes de Xerox sermonearon a sus accionistas: «En las oficinas, la transmisión vía fax será tan indispensable como el mismísimo teléfono». Lo que realmente sorprende es que, a pesar de tantos fracasos, después de un siglo y medio las grandes corporaciones siguieran pretendiendo colocar el fax a sus clientes. Todos los actores de esta guerra competitiva estaban convencidos de que «esta vez será diferente y funcionará». La eterna cantinela de los que intentan vender la piel del oso antes de cazarlo.

## Mediatización

Las tecnologías atraviesan etapas comparables al ciclo vital de un ser vivo. Un medio de comunicación siempre nace en un entorno marcado por la experimentación y se alimenta de un cóctel de miedos y expectativas. No todos llegan a la madurez. Algunos medios tardan tanto en despegar que, cuando alcanzan su momento dorado, ya es tarde. Otros quedan abandonados. Son mutaciones que no consiguen adaptarse al ecosistema. Solo unos pocos medios logran consolidarse, volverse dominantes y moldear a la sociedad, imponiendo su lógica incluso a los otros medios. Eso es lo que llamamos mediatización.

La aparición de la fotografía transformó el periodismo, reconfiguró la pintura, abrió el camino al cine y mediatizó la política, la religión, el deporte y los conflictos. La Segunda Guerra Mundial comenzó con la foto de un acuerdo de paz en Múnich y terminó con un beso en Times Square. Lo mismo pasó con la televisión en la segunda mitad del siglo pasado. Ahora son las redes sociales las que están remodelando la política y la cultura. Las formas de mediatización también evolucionan.

El siglo XX trajo una revolución silenciosa. Las cámaras baratas hicieron que cualquier ciudadano pudiera fotografiar. La práctica se desplazó del estudio a la calle, del profesional al *amateur*, de la imagen única al álbum familiar. Cuando promediaba el siglo, la imagen se volvió instantánea. Me atrevo a afirmar dos cosas. Primero, que el siglo XX nació con la masificación de la fotografía analógica y terminó cuando la imagen digital reemplazó al soporte fotoquímico. Segundo, que la imagen analógica anticipó tendencias que hoy la fotografía digital ha escalado exponencialmente y está llevando hasta sus últimas consecuencias. Sonríe, alguien te está encuadrando.

# 21

# Kodak Brownie / Polaroid

¿Es posible contar la evolución del sapiens sin mencionar los restos de Lucy, la *Australopithecus afarensis* que correteó erguida por la sabana africana hace 3,5 millones de años? ¿Podríamos dejar fuera los primeros fósiles del *Homo neanderthalensis* hallados en una cantera alemana en 1856? ¿Y qué decir de los restos del *Homo erectus* que Eugène Dubois desenterró a orillas del río Solo, en la isla de Java? Si encontrar fósiles humanos no es sencillo, seleccionar las mejores piezas es aún más complicado. Lo mismo sucede con los fósiles mediáticos. No es fácil crear una lista. Vengo lidiando con este problema desde el momento en que decidí escribir este libro. Las listas, explica Umberto Eco en *El vértigo de las listas*, están «en el origen de la cultura». Nos sirven para hacer más comprensible el universo, crear un orden y enfrentarnos a lo infinito. ¿Cómo se puede intentar comprender lo incomprensible?, se pregunta Eco. A través de catálogos, diccionarios, enciclopedias y listas.

Cualquier lista de fósiles mediáticos debe incluir al menos una cámara fotográfica. Podríamos dedicar un capítulo a la Kodak Brownie, la cámara diseñada por George Eastman que llevó la fotografía a las masas. Como hubiera dicho Steve Jobs, la Brownie fue *the camera for the rest of us.* Pero también la cámara Polaroid inventada por Edwin H. Land tiene derecho a formar parte de nuestra selección de fósiles fotográficos. Si la Brownie simplificó y empaquetó en un dispositivo *low-cost* más de cinco décadas de desarrollo tecnológico, la Polaroid irrumpió a mediados del siglo XX como objeto del deseo de una sociedad cada vez más ansiosa y acelerada. ¿Brownie o Polaroid? ¿Por qué no Brownie *y* Polaroid?

## KODAK

Si en la prehistoria de la fotografía abundaban los pioneros, experimentos y primeras imágenes, su historia posterior no es muy diferente. A ambos lados del Atlántico los inventores no descansaban. Algunos apuntaron a mejorar la tecnología fotográfica, otros comenzaron a pensar en la transmisión de las fotos a través de cables telegráficos. El resto soñaba con animar las imágenes fijas. Infinidad de inventores disfrazados de empresarios (o viceversa), desde Thomas A. Edison hasta George Eastman, se tiraron a la piscina. Sigamos los pasos de este último.

La Eastman Kodak Company fue fundada en 1888 en Rochester, estado de Nueva York, y no tardó en convertirse en el actor más importante del emergente mercado fotográfico. Eastman, un exempleado bancario, comenzó a experimentar con emulsiones secas a finales de la década de 1870. Los procesos fotográficos de la época no se caracterizaban por la simplicidad. Si se quería popularizar la fotografía, había que reducir la complejidad tecnológica del nuevo medio y estandarizar los métodos de captura y revelado. En 1888 Eastman lanzó su primera cámara bajo el lema *You press the button, we do the rest.* Kodak democratizó la fotografía en una sociedad hambrienta de imágenes.

La compañía aceleró su crecimiento gracias a una monopólica integración vertical. Kodak controlaba la producción de película y papel, la fabricación de cámaras y el proceso de revelado. Es como si Henry Ford, además de fabricar coches, hubiera monopolizado la producción de petróleo y la red de gasolineras. Eastman implementó estrategias pioneras de marketing y un sistema de revelado por correo que convirtieron a la marca Kodak en sinónimo de fotografía. *If you want it, take it with a Kodak*, rezaba otra de sus publicidades. Para terminar de rematar su estrategia Kodak solo necesitaba una *killer camera*.

## Brownie

Kodak entra en el siglo XX con una obra maestra de la fotografía personal que llevaba la filosofía del *point-and-click* a su máxima expresión: la cámara Brownie. Aunque la calidad de las imágenes no era precisamente la mejor, la Brownie permitió a los estadounidenses crear sus propias historias visuales sin tener ningún tipo de experiencia previa. Su bajo precio hizo posible que las familias prescindieran de fotógrafos profesionales (¿habrán temido quedarse sin trabajo?) y capturaran por sí mismas momentos antes imposibles de registrar. Este acceso democratizado dio origen a las instantáneas. Los *snapshots* eran fotos veloces y espontáneas que documentaban eventos sociales y escenas cotidianas. Kodak construyó su marca alrededor de estas imágenes. Era el *momento Kodak*. Ya lo anticipé: George Eastman era un genio del marketing. Estas fotografías transformaron la forma en que las personas entendían y usaban las imágenes. Había nacido la cultura visual contemporánea.

(Releo el párrafo anterior y encuentro demasiadas cosas familiares. Fotografía personal, *point-and-click*, marketing que sacude a los consumidores, corporaciones modernas de reflejos rápidos... La revolución digital que comenzó en la década de 1980 con el *personal computer* y el *plug-and-play*, por no mencionar el eslogan *The computer for the rest of us* de la mítica publicidad del Macintosh en 1984, reprodujo la retórica de las primeras campañas de marketing de Eastman Kodak. Para entender la evolución del ecosistema mediático, conviene hablar menos del futuro y mirar más al pasado.)

Con los años, Kodak diversificaría su producción incursionando en el cine familiar con el formato super-8. También popularizaría la fotografía en color con la película Kodachrome. Su modelo de negocio marcaría el funcionamiento del mercado fotográfico durante todo el siglo XX. Pocas veces se ejerció un dominio tan grande en la industria de la comunicación. Quizás fue ese control total de los procesos el que le pasaría factura en el futuro.

## Polaroid

En un mundo cada vez más acelerado la fotografía permitió fijar el tiempo. La cámara Polaroid fue más allá. Había llegado la era de la imagen instantánea. Edwin H. Land, fundador de la Polaroid Corporation, concibió su innovadora cámara como un pasatiempo durante la Segunda Guerra Mundial. Tras el conflicto, la economía estadounidense experimentó una expansión que rediseñó las ciudades con la consolidación de los suburbios, transformó la alimentación con el *fast-food*, cambió la vida doméstica gracias a una renovada generación de electrodomésticos perecederos y abrió las puertas a una nueva camada de medios. No solo la televisión marcó la posguerra. Las cámaras Polaroid también fueron pilares del *American way of life*.

El objetivo de Land era reducir al mínimo el tiempo que transcurría entre sacar una foto y tenerla en las manos. La primera cámara instantánea lanzada en 1948 no era otra cosa que un prototipo donde el usuario debía calcular el tiempo de revelado, extraer la impresión para romper una cápsula con productos químicos y separar la capa superior del film. En pocos años, la tecnología evolucionó lo suficiente para permitir la aparición de las fotos en menos de un minuto. Como si fuera un pequeño abanico, los usuarios agitaban la imagen para acelerar el proceso. En 1963 finalmente llegó el color, y una década más tarde los usuarios ya no tuvieron que activar el revelado separando las capas. Un dato fundamental: Kodak llegó tarde al mundo de la imagen en tiempo real. En 1977 Polaroid dominaba dos tercios del mercado de las cámaras instantáneas. Esta posición dominante duraría poco. En los años ochenta, las ventas comenzaron a declinar debido a la creciente popularidad de las cámaras de 35 mm y la aparición de las primeras videograbadoras de uso familiar como la Sony Betamovie.

## Destiempos

La historia es conocida y no viene mal recordarla en este libro. La innovación nunca había dejado de ser parte del ADN de la Eastman Kodak Company. En 1975 el ingeniero Steven Sasson ensambló un prototipo del tamaño de una tostadora a partir de una lente de cámara super-8, un sensor de imagen, varios componentes de Motorola y una grabadora de casetes para el almacenamiento. Había creado la primera cámara fotográfica digital portátil. El dispositivo capturaba imágenes en blanco y negro de 0,01 megapíxeles y tardaba 23 segundos en grabar cada foto en la cinta del casete.

Esta *electronic still camera* fue registrada en la Oficina de Patentes y Marcas de los Estados Unidos en diciembre de 1978 con el número U.S. 4.131.919. Los directivos de Kodak decidieron archivar la invención. Su temor a que esta tecnología canibalizara el negocio de las películas y el revelado, su gallina de los huevos de oro, prevaleció sobre el potencial disruptivo del prototipo de Sasson. Se arrepentirían una y otra vez veinte años más tarde. No es para descartar que a fines de los noventa un ingeniero de Kodak haya enviado un memorándum interno a sus jefes: «Rochester, tenemos un problema». Primero las cámaras digitales y después los teléfonos móviles sellaron el destino de la Eastman Kodak Company. Cuando intentó desempolvar sus viejas patentes digitales ya era demasiado tarde. La bancarrota llegaría en 2012. Hoy sobrevive produciendo películas para Quentin Tarantino y otros directores y fotógrafos amantes del celuloide.

Vaya moraleja. La empresa que había dominado el mercado de la fotografía durante más de un siglo se disolvió como lágrimas en la lluvia en pocos años. Pero no todo es pérdida. La cámara Polaroid anticipó un concepto, el de *real time*, que no tardaría en instalarse en nuestras vidas para no irse más. Quizás en esos gestos espasmódicos para acelerar el revelado de las fotografías instantáneas se escondían las raíces de muchas ansiedades contemporáneas. No sé lo que quiero, pero lo quiero ya.

# Poder

Desde nuestro lejano origen en África, los sapiens hemos ensayado múltiples formas de organización. Nuestra evolución está plagada de ensayos y errores sociales. Estos experimentos no siempre terminaron bien. Algunas veces se pagaron muy caros. El comunismo fue la respuesta a la explotación y las deplorables condiciones de vida del primer capitalismo industrial. La abolición de la propiedad privada, la colectivización y la promesa de una sociedad sin clases ni Estado sedujeron a millones de trabajadores. El proceso estaba escrito de antemano: para expropiar los medios de producción, los revolucionarios necesitaban antes controlar los medios de comunicación.

La prensa fue clave para agitar, educar y organizar. En 1912 los bolcheviques lanzaron *Pravda* ('Verdad'), un periódico que, junto a las noticias, publicaba cartas de obreros denunciando los abusos en las fábricas. Según Lenin, se debía «privar al capital de la posibilidad de alquilar escritores, comprar editoriales y sobornar periódicos». La democracia real solo podía construirse con medios al servicio del proletariado. Tras la Revolución de Octubre, *Pravda* se convirtió en órgano del Partido Comunista. La Verdad Oficial.

Los medios sonoros tampoco fueron ajenos a este tipo de usos y abusos. Lenin siempre había considerado la radio, el *new media* de su tiempo, un «periódico sin papel ni distancias». La radio como instrumento de educación socialista. Durante la Guerra Fría la señal de Radio Moscú llegó a todos los continentes. La batalla ideológica también se combatió en las ondas hertzianas. Pero la comunicación no solo era ideología. También era control. Bajo Stalin, géneros como el *jazz*, el *blues* y más tarde el rock fueron prohibidos por ser vehículos de decadencia. Como escribió el sociólogo Manuel Castells, «el poder depende del control de la comunicación, al igual que el contrapoder depende de romper dicho control». En el paraíso de los trabajadores, a pesar de todo, sonaban otras canciones.

## 22

# Discos hueso

Hasta ahora, este libro tiene una gran deuda con sus lectores: hemos hablado poco de los fósiles sonoros. A eso me refería cuando dije que no era fácil seleccionar las piezas de esta colección. Podría haber dedicado un capítulo al fonógrafo de Thomas Edison, un popular dispositivo creado en 1877 capaz de grabar y reproducir sonido mediante un cilindro recubierto de estaño. O al grafófono de Alexander Graham Bell y Charles Sumner Tainter. ¿Por qué no hablar de Emil Berliner y su gramófono de 1887, el primero en introducir los discos planos de siete pulgadas y el uso de un brazo con una aguja para la reproducción? Para subsanar este silencio, en la parte final de nuestro viaje abordaremos varios fósiles sonoros. No es casualidad. Los medios sonoros son quizás los que más han acelerado su evolución en el último medio siglo. En las próximas páginas veremos fósiles que, en su momento de gloria, fueron muy populares (es muy probable que el lector haya utilizado alguno de ellos en su juventud), pero el que trataremos en este capítulo es mucho más extraño y menos conocido.

### *Back in the USSR*

Había que tener la piel curtida y la lengua atada para vivir en la Unión Soviética. El Estado imponía un riguroso control sobre todas las expresiones culturales y artísticas. Tras el final de la Segunda Guerra Mundial el tablero internacional se reacomodó. Los que hasta ayer eran aliados pasaron a ser enemigos. El régimen estalinista consideraba el *jazz*, el *boogie-woogie* o el naciente *rock'n'roll* una amenaza ideológica para las nuevas generaciones. Incluso géneros aparentemente inofensivos como el mambo o el foxtrot estaban vetados por sensuales y desestabilizadores. Todos estos ritmos, portadores de los valores decadentes de Occidente, fueron prohibidos en la radio y desaparecieron de los canales de distribución musical. La censura también afectó a muchas canciones populares rusas, consideradas *blatnaya pesnya* ('canciones criminales') por promover actitudes antisoviéticas. «Si la oposición se desarma, todo está bien. Si se niega a desarmarse —proclamaba Stalin—, deberemos hacerlo nosotros mismos.»

En este contexto de censura, prohibiciones y persecución algunos jóvenes soviéticos se las ingeniaron para acceder a la música prohibida, expresar su rebeldía y sintonizar la misma frecuencia de onda de la juventud occidental. Fue así como nació el fenómeno de los discos hueso o *roentgenizdat*. A falta de vinilo, buenas son las placas del cráneo o de ese fémur roto que tardaba en soldarse.

Cuenta la leyenda que los *roentgenizdat* nacieron en Leningrado —antes y ahora, San Petersburgo— en 1946, en un estudio ubicado en la avenida Nevski llamado Audio Message. Su fundador, Stanislav Filon, utilizó una grabadora alemana Telefunken tuneada para replicar las canciones del vinilo original en placas radiográficas. El precio de un disco oscilaba entre 5 y 15 rublos. Los costes podían variar en función del artista elegido. El modelo de negocio era el mismo de la piratería musical en casete durante los años ochenta, antes de la llegada de Napster y eMule. Un protocapitalismo musical enquistado en la periferia del comunismo.

También se cuenta que el estudio de la avenida Nevski funcionaba a pleno ritmo y solía permanecer abierto toda la noche. La circulación de discos hueso tuvo tanto éxito que al año siguiente se abrió otro estudio clandestino, el Golden Dog. Boris Pavlinov recuerda que las grabaciones más populares eran de *jazz* occidental, tango, foxtrot y otros ritmos prohibidos por la nomenklatura. Para finales de la década de 1950, millones de radiografías circulares de fémures, cráneos y costillas fracturadas sonaban en todo el bloque comunista.

## Introducción a la economía política del disco hueso

Ante la escasez de vinilo, los piratas rusos recurrieron a las radiografías que los hospitales desechaban debido a su alta inflamabilidad. Las placas eran recogidas de la basura o compradas a trabajadores sanitarios. Las radiografías se recortaban en círculos de 7 pulgadas y con la brasa de un cigarrillo se quemaba el centro. Era la firma del pirata. Con tornos adaptados de viejos fonógrafos se inscribían los surcos a 78 revoluciones por minuto. El resultado era un disco rudimentario de una sola cara, con sonido *low-fi* y una durabilidad de entre cinco y diez reproducciones. Para quienes nunca habían escuchado a Duke Ellington o Elvis Presley, aquel sonido crujiente y efímero era un billete de ida a un mundo prohibido.

Equivalente musical del *samizdat*, esas publicaciones clandestinas que circulaban de mano en mano, los discos hueso ofrecían un catálogo musical tan diverso como subversivo. Los rusos tenían muy buen gusto. Entre los *roentgenizdat* podían encontrarse grabaciones de artistas icónicos como Bill Haley & His Comets, Little Richard, The Beatles, The Rolling Stones, The Beach Boys o Ella Fitzgerald. También circulaban canciones de músicos condenados por el régimen como Pyotr Leshchenko, el rey del tango ruso.

Mientras que en Estados Unidos los jóvenes endosaban camperas de cuero, se peinaban a lo James Dean y desafiaban a sus padres con el *Rock Around the Clock*, y en la *swinging London* los mods se molían a palos con los *rockers*, en la Unión Soviética surgió una subcultura juvenil hechizada por la música y la moda. Los jóvenes *stilyagi* se reconocían por su ropa colorida, trajes de corte ajustado, zapatos de punta y peinados al estilo Elvis. Su aspecto contrastaba con la austeridad soviética. ¿Recuerdan al personaje de Danny Zuko interpretado por John Travolta en *Grease*? Lo mismo, pero en Moscú.

Los *stilyagi* se reunían en parques, bailaban de forma provocadora y hablaban usando anglicismos. Para el régimen simbolizaban una quinta columna y no tardaron en colgarles el cartel de «desviados culturales». Andréi Zhdánov, director de política cultural y férreo defensor del realismo socialista, alertó sobre los peligros de la influencia extranjera en el arte y la cultura soviéticos. Cualquier música ajena a la canción de masas o la estética estatal era pura «diversión ideológica». Músicos locales de *jazz* como Eddie Rosner fueron enviados al fin del mundo siberiano y terminaron tocando para ellos, los que soñaban la libertad.

La difusión de los *roentgenizdat* no fue ajena a un aumento del consumo juvenil en la URSS. Los adolescentes soviéticos de la posguerra gozaban de jornadas laborales más cortas (seis horas para jóvenes de 16 a 18 años), mayor tiempo libre y una expansión del ocio. No es extraño que hayan expresado su identidad rebelándose contra el austero estilo de las viejas generaciones. El término *stilyagi* apareció por primera vez en un artículo de la revista satírica *Krokodil* donde se ridiculizaba la moda de estos jóvenes rebeldes. La revista era lapidaria: «Lo más importante de su estilo de vestir es no parecerse a la gente normal». *Pravda* no se quedaba atrás. Para el gran diario soviético estos jóvenes no eran otra cosa que «parásitos, vándalos y bandidos».

El paraíso de los trabajadores también se sacudía con los meneos de Elvis.

## El imperio contraataca

Los discos hueso circulaban en un mercado negro tan frágil como eficiente. Las transacciones se hacían en calles periféricas, parques y mercados clandestinos. Ahí vendedores y compradores intercambiaban discos escondidos en las mangas de los abrigos. Los precios variaban. Una copia podía costar menos que una botella de vodka. Las piezas más codiciadas, como los discos de Elvis, podían alcanzar el equivalente a un salario mensual. Marineros suecos y finlandeses también colaboraban introduciendo vía San Petersburgo discos que después serían grabados sobre las radiografías. La KGB y la policía soviética no se cruzaron de brazos. En 1958 el Gobierno declaró ilegal la producción y posesión de discos hueso. Los infractores podían ser castigados con penas de dos a cinco años de prisión. Las redadas eran frecuentes y los agentes no dudaban en confiscar equipos de grabación y destruir colecciones enteras. En su locura represiva, las autoridades incluso utilizaron tácticas de contrainformación. Como los VHS ochenteros que alertaban contra la piratería, algunas radiografías contenían mensajes amenazantes que, tras unos segundos de música, advertían al oyente de las consecuencias de consumir «música imperialista». El Gran Hermano nunca descansaba.

## La memoria musical

Aunque solo se podían reproducir unas pocas veces y su sonido áspero no podía competir en calidad con ningún otro medio —salvo quizás con los cilindros de Thomas Edison de finales del siglo xix—, los discos hueso radiografían una época en la que la música era tan valiosa que algunos arriesgaban su libertad para escucharla. Hoy son piezas muy buscadas por los coleccionistas. «Lo que realmente me atrajo —comenta el discófilo Stephen Coates— fueron estas historias que resaltaban la tensión entre lo que el Estado quería que la gente escuchara y lo que la gente quería oír. Cuando se escribe sobre el fenómeno se suele centrar en el *rock'n'roll*, pero mucha música rusa con la que la gente había crecido también fue prohibida. Al final, las autoridades se impusieron una tarea demasiado grande.» La circulación de los *roentgenizdat* duraría hasta mediados de los años sesenta. La difusión de las cintas de casete facilitó la reproducción y mejoró la calidad de las canciones. Casete mata disco hueso.

Hoy los *roentgenizdat* sobreviven como objetos de culto y memoria histórica. Su valor como artefactos de resistencia cultural ha inspirado exposiciones y proyectos de conservación como el X-Ray Audio Project. «La última vez que estuve en Moscú —recuerda Stephen Coates— entrevistamos a un tipo que solía comprar estas grabaciones de hueso. Colocó algo en el tocadiscos y lo único que se oía era *sssshhhhh*, pero con un toque de música. Y estaba radiante porque obviamente lo transportaba a la primera vez que lo había escuchado. En aquella época lo llamaban escuchar a través del sonido.» El medio era el mensaje.

# Burbujas

Hay fósiles que definen una era. ¿Qué sería del Jurásico sin sus dinosaurios? ¿Podemos hablar del Pleistoceno sin mencionar a sus lanudos mamuts pastando en las estepas? Lo mismo ocurre con los fósiles mediáticos. Es difícil imaginar el antiguo Egipto sin papiros o la Edad Media sin manuscritos iluminados. Cuando en el futuro se escriba la historia del siglo XXI, ¿cuál será el fósil mediático que nos represente?

La música nos acompaña desde tiempos remotos. La flauta de Divje Babe, hecha con el fémur de un oso, fue hallada en Eslovenia. Tiene unos 60.000 años y lo más probable es que fuera ejecutada por neandertales. La lista de fósiles mediáticos creados para registrar y reproducir sonido es vasta. Otros viejos medios sonoros, como el disco de vinilo, son fósiles sobrevivientes que resisten muy bien el paso del tiempo.

Si los discos hueso son el lado oscuro del experimento comunista, el walkman es el fósil icónico de la postmodernidad capitalista. El sapiens que había abandonado África, ahora *flâneur* urbano, seguía caminando al ritmo de su propia burbuja sonora. Estas esferas auditivas anticiparon las burbujas algorítmicas del presente digital. El walkman no fue solo una revolución cultural. Gracias a este dispositivo la miniaturización que había empezado en Oriente tras Hiroshima alcanzó su icono más deseado. En el siglo siguiente, el diseño migraría a California y la producción a China. Para entonces, el hombre caminante (*walk-man*) se había convertido en una especie global.

## 23

# Walkman

«Cien soledades —dicen que dijo Friedrich Nietzsche— crean la fascinación de Venecia. Esta es su fórmula mágica. Una imagen para el hombre del futuro.» Friedrich Nietzsche nunca pudo escuchar a su amado Wagner en la íntima soledad de un walkman. Lejos de Venecia, un siglo después de Nietzsche, mientras caminaba solitario por una calle de Nueva York, Akio Morita tuvo su primera visión del walkman. Fue ahí, en Manhattan, donde el cofundador y presidente de Sony imaginó un pequeño dispositivo electrónico que le permitiera jugar al tenis mientras escuchaba a Bach. O al contrario.

«Cuando desarrollamos el walkman muchos vendedores dijeron que una máquina tan pequeña era invendible, sobre todo porque no se podía grabar. Pero yo tenía el presentimiento de que se vendería. Les respondí: "Bueno, un reproductor de casetes para el auto tampoco permite grabar". No parecían demasiado entusiasmados. Les dije que si no se vendían 100.000 unidades antes de fin de año, me iría de Sony.» Durante 1982 se vendieron 4,5 millones de walkmans y Akio Morita, un personaje mítico del mundo empresarial japonés, una especie de Steve Jobs oriental, pudo seguir ocupando el cargo que desempeñaba desde mayo de 1946.

Cuando los B-29 dejaron caer sus bombas atómicas sobre Hiroshima y Nagasaki en agosto de 1945, los científicos japoneses trabajaban desde hacía años en el desarrollo de armas nucleares. Entre ellos estaba Akio Morita, un oficial de la Marina Imperial especializado en física que entre otras cosas había diseñado sistemas submarinos de detección, armas autodirigidas con sensores térmicos y hasta un dispositivo de visualización nocturna. «Yo sabía algo sobre la potencia de la energía atómica, pero pensaba que para tener una bomba tendríamos que esperar al menos veinte años. Fue impresionante descubrir que los americanos la habían hecho. Nuestra tecnología —escribe Morita en su autobiografía *Made in Japan*— debía de ser primitiva en comparación con la de ellos. Cuando nos enteramos de Hiroshima le dije a mis colegas: "Tenemos que abandonar nuestras investigaciones. Si los norteamericanos pudieron construir una bomba quiere decir que están mucho más adelantados. No los podremos alcanzar". Mi oficial superior se enojó mucho conmigo.» Empezaba la posguerra.

En 1946, Morita fundó la Tokyo Telecommunications Engineering Corp junto a otros técnicos desmovilizados. La empresa comenzó produciendo equipos de onda corta y grabadoras de cinta. Uno de sus primeros productos era un magnetófono de 45 kilos que debía competir con un modelo alemán mucho más liviano y potente. Las ventas no fueron alentadoras. Por entonces, las manufacturas japonesas eran internacionalmente reconocidas por su baja calidad y atraso tecnológico. Había que cambiar de chip.

En 1953, Morita y sus socios compraron a la Western Electric la patente de una reciente invención estadounidense. El transistor era un pequeño procesador de señales creado en los laboratorios de la AT&T Bell. Dos años más tarde se presentaba la primera radio a transistores de bolsillo. La mítica TR-55 batió todos los récords de ventas. La gente no podía entender que una radio pequeña como un paquete de cigarrillos pudiera funcionar sin cables. La pequeña TR-55 solo se vendió en Japón y hoy constituye un preciado objeto de culto para los coleccionistas de fósiles mediáticos.

Los japoneses se propusieron conquistar el mundo con sus productos. Como primera medida, decidieron cambiar el nombre de la empresa por uno menos complicado y más fácil de recordar: Sony. En febrero de 1960 nació la Sony Corporation of America. Un año después era la principal empresa japonesa que operaba en el territorio estadounidense. Morita lo tenía claro: «Ustedes, los americanos, se preocupan demasiado por las investigaciones de mercado. ¡La investigación de mercado está dentro de mi cabeza! Lo pueden ver, nosotros creamos los mercados». Cuando todos consideraban el transistor una tecnología reservada al sector industrial o militar, Sony tuvo la lucidez de aplicarla a radios, televisores, grabadoras o reproductores musicales para mejorar la comunicación de millones de personas. El aleteo de un transistor en Japón generó un terremoto en el ecosistema mediático mundial.

### Un bonsái a transistores

Cuentan que una vez Morita encerró a su equipo de técnicos en un hotel. La orden fue taxativa: ninguno saldría antes de diseñar un grabador más pequeño. Así lo hicieron. El resultado fue un aparato que entraba en una valijita y pesaba la mitad del modelo anterior. Esta metodología será replicada en el futuro para crear los auriculares más pequeños del mercado, los minicasetes o los minitelevisores. Como veremos dentro de un par de capítulos, no es para descartar que Steve Jobs se haya inspirado en estos encierros orientales para desarrollar sus mejores productos.

Con la introducción de la radio de bolsillo en 1955, Sony impuso el concepto de miniaturización. Los pequeños televisores y equipos de audio diseñados por los técnicos japoneses se adaptaban perfectamente a las minúsculas habitaciones de sus casas. El uso intensivo que los orientales hacen de los medios públicos de transporte favoreció la difusión de los dispositivos individuales de consumo. La miniaturización se extendió también a otros objetos no necesariamente electrónicos como los manga o la prensa. En Japón siempre menos es más.

A fines de la década de 1970, Sony decidió llevar hasta sus últimas consecuencias el desarrollo de la tecnología electrónica portátil. Todo dispositivo de comunicación debía reducirse a su mínima expresión. El walkman estaba a punto de nacer.

## Paisajes sonoros

Si el teléfono celular es una evolución de los primeros teléfonos instalados en los autos, el walkman desciende de esas radios a transistores y grabadores de cinta que producía Sony desde la posguerra. A fines de 1979 la empresa introdujo el primer walkman. El TPS-L2 Personal Stereo revolucionaría el modo de escuchar música. Dos años más tarde se lanzó el WM-2, mucho más compacto, y en 1982 hicieron su aparición el primer walkman con micrófono para grabar y el modelo con sintonizador de radio. El walkman había fagocitado a su abuela, la pequeña radio a transistores TR-55.

El eslogan de la campaña publicitaria de lanzamiento, *Discover the Walkman now*, no proponía un producto, sino una nueva experiencia de usuario. A diferencia de la radio o la televisión, el walkman redujo a cero la distancia entre la fuente de emisión sonora y el aparato auditivo. La invención de Morita aniquiló esa distancia crítica que permite, en el caso de los artefactos tradicionales, escuchar el sonido ambiental. En el walkman estábamos a solas con nuestra música.

«Con el walkman incorporado en nuestro cuerpo —escribe el especialista en estudios culturales Ian Chambers— afrontamos aquello que Murray Schafer llama *soundscape*, un paisaje sonoro que representa un *collage* mutante; los sonidos son seleccionados, registrados, confeccionados y cortados no solo por los productores (DJ, *rappers*, maestros del *dub*, técnicos de sonido), sino también por los consumidores.» Con el walkman el usuario construía su particular selección, salteaba algunos temas, repetía otros y regulaba el volumen para superar el sonido exterior. Cada oyente seleccionaba y readaptaba el contexto sonoro circundante. *Gadget* simbólico para los primeros trashumantes de la postmodernidad, el walkman ejerció un doble movimiento de descontextualización y recontextualización musical que permitió la construcción de un paisaje sonoro privado en movimiento. Escucho, luego existo.

## Objetos nómades

En la década de los ochenta los teóricos de la postmodernidad llamaron la atención sobre la decadencia de las grandes narraciones. Frente al descreimiento generalizado en las gestas colectivas de carácter revolucionario, religioso o científico, el walkman iba construyendo desde abajo nuevas micronarraciones. Pequeñas historias individuales miniaturizadas, cada una con su columna de sonido personalizada. Junto con los ochenteros relojes Swatch, el invento de Morita pertenece a una generación de objetos nómades que acompañaban los desplazamientos urbanos. El walkman y los multicolores relojes suizos no diferían mucho de las armas y adornos que llevaban consigo neandertales y sapiens hace decenas de miles de años.

Detrás de un aparente rechazo a la sociabilidad, el uso del walkman reafirmó la presencia humana en un ambiente compartido. El walkman forma parte de la transformación del horizonte de la percepción que caracteriza al ocaso del siglo XX. Un mundo que se fragmenta debido a la acumulación y superposición de textos, sonidos e imágenes. Como las gafas oscuras de sol, el walkman servía al mismo tiempo para aislarse y llamar la atención, anticipando un fenómeno que estallaría en el siglo siguiente con los selfis y las redes sociales. El semiótico italiano Paolo Fabbri lo resumió en una contundente y premonitoria frase que cito de memoria: «La *privacy* no es más un secreto sino un vistoso signo de comunicación».

## Efímero

Hace poco más de quince mil días los sapiens entramos en la era digital. Aunque los ordenadores surgieron tras la Segunda Guerra Mundial, casi en sincronía con las primeras reflexiones sobre la inteligencia artificial, no fue hasta los años ochenta cuando las computadoras salieron de sus blancas salas asépticas y entraron en oficinas, escuelas y hogares. Las interfaces gráficas permitieron que millones de personas interactuaran y crearan sin saber escribir código. Primero se digitalizó el texto, luego el sonido y la imagen. Después, la vida entera.

Los *personal computers* tenían una limitación. Eran precisamente máquinas personales, aisladas, sin posibilidad de conectarse entre sí. Su mismo nombre las condenaba al aislamiento. La aparición de la World Wide Web, una plataforma pensada en sus orígenes para compartir información científica, marcaría un antes y después en la evolución de nuestra especie. ¿Exagero? Para nada. Ya había pasado con el fuego, la agricultura o la escritura. En ciertos momentos, las tecnologías ejercen una presión evolutiva muy grande, promoviendo transformaciones cognitivas, sociales y culturales imperceptibles en un primer momento. La web, quizás el proyecto global más ambicioso creado por los sapiens, es una de esas tecnologías.

Entre aquellas primeras computadoras personales y la revolución táctil del siglo XXI hubo especies intermedias, tecnologías de transición que hoy permiten entender mejor las continuidades y discontinuidades en la evolución de los medios. Como los pterosaurios, esos reptiles emplumados primos de los dinosaurios que comenzaron a volar entre los árboles del Jurásico, esos medios híbridos resultan clave para entender el cambio mediático. Medios de transición condenados a una pronta extinción. Si el papiro fue utilizado durante cuatro mil años, algunos medios digitales no sobrevivieron ni una década. A ellos dedicaremos los dos capítulos finales del libro.

## 24

# Disco compacto

Muchos pensaron que lo peor que podía haber hecho Peter Gabriel era abandonar Genesis, la respetada, ecléctica y exitosa banda de rock sinfónico. Pero dejar a Phil Collins entre sus tambores y platillos, dedicarse a experimentar con la World Music y crear *XPLORA1: Peter Gabriel's Secret World* fue un enorme paso adelante. O más que eso. Significó abrir un nuevo sendero musical y mediático. Repasemos la historia. Estamos a mediados de los años setenta. A los barroquismos del rock sinfónico ya le quedaban unas pocas balas en la recámara, que dispararía Pink Floyd en *The Wall*. En 1975 Gabriel deja Genesis y abre su etapa solista, un período donde comienza a coquetear con armonías y percusiones de todos los confines del planeta. Es la música de un mundo globalizado. Esa búsqueda fue paralela a sus exploraciones del lenguaje audiovisual, donde Gabriel destacó en la producción de videoclips memorables basados en pegadizas canciones como *Sledgehammer*. El videoclip, sin embargo, le quedaba chico a este polímata del rock.

### Identikit

¿Qué era *XPLORA1*? La Wikipedia lo define como un *musical computer game*, un entorno digital interactivo y multimedia diseñado para expandir el disco *Us*, uno de los más ambiciosos de la larga carrera de Peter Gabriel. *XPLORA1* no era fácil de encuadrar. Un periodista de *Sound on Sound* lo reconocía sin rodeos: «No es un documental ni un juego, pero contiene elementos de ambos». A diferencia de un disco compacto diseñado para explorar un museo, *XPLORA1* no permitía ir directamente a donde querías llegar, sino que «te impulsa a un proceso de descubrimiento y exploración». Los discos compactos fueron la vanguardia multimedia que anticipó la navegación interactiva pocos años antes de que se popularizara la World Wide Web.

Al comienzo de *XPLORA1* el usuario debía reconstruir un identikit con la cara de Gabriel. Hoy se escribe mucho de los abusos de la autoficción. *XPLORA1* es un viaje al mundo interior de Peter Gabriel, un músico que nunca negó la introspección y la exposición de sus conflictos personales en todas sus obras. Una vez armado el identikit, Gabriel agradecía el gesto y comenzaba el juego exploratorio. Cada tanto volverá a aparecer, ya sea para comentar los avances del usuario o para advertir de que no se podía ingresar en ciertas zonas sin un pase especial escondido en algún lugar del disco. Esta dinámica propia de los videojuegos obligaba al usuario a juntar piezas y colocarlas en una maleta, quizás la misma que se tragaba a la banda al final del tema *Secret World* durante los espectáculos en vivo. Todo encajaba dentro y fuera del escenario.

*XPLORA1* hacía honor a su nombre. El usuario podía escuchar canciones, jugar con la portada del disco o asistir a una sesión de grabación. El disco incluía una visita con cámara subjetiva a los Real World Studio, donde estaba Gabriel ensayando con su banda. En otra sala Brian Eno nos recibía e invitaba a explorar una serie de clips musicales. Por entonces Gabriel era un referente de la World Music que viajaba por el planeta buscando nuevos sonidos y fichando artistas para su sello discográfico. El Muro de Berlín había caído, el mundo se abría y la gran oleada de la globalización también llegaba a la música. Peter Gabriel seguía así los pasos de David Byrne (*Rei Momo*, 1989) y Paul Simon (*The Rhythm of the Saints*, 1990). El *Global North* salía a la caza de experiencias musicales en el *Global South.*

«La visita al estudio es bastante impresionante; un vídeo QuickTime muestra tu campo de visión y cambia a medida que recorres el complejo», se sorprendía un usuario ante una imagen microscópica y pixelada que hoy nos haría sonrojar. Por entonces lo más dinámico que podía verse en una página web era un pequeño *gif* animado. Dentro del estudio el usuario podía remezclar el clásico de Gabriel *Digging in the Dirt*, ejecutar instrumentos exóticos o continuar la visita de las instalaciones gracias a un vídeo registrado a baja altura desde la perspectiva de un perro. Una mirada premonitoria (todavía faltaban siete años para que la empresa GoPro irrumpiera en el mercado con sus populares microcámaras). Para acceder a esta experiencia multimedia se necesitaba un Macintosh con al menos 3 MB de memoria RAM. Un devoto de la ley de Moore no dudaría en recordarnos que en 2026 cualquier móvil de gama baja tiene 8.000 MB (8 gigabytes) de RAM.

## Tsunami

El CD-ROM nació condenado a la extinción. Recapitulemos. El Compact Disc Read-Only Memory, una coproducción entre Sony y Philips, surgió en la década de los ochenta como una evolución del disco compacto de audio y del LaserDisc. El objetivo era poner a disposición de la primera generación de usuarios de ordenadores personales un soporte de almacenamiento con mayor capacidad que un disco *floppy*. A diferencia de los disquetes, al principio el disco compacto solo permitía la lectura. Lo que se perdía en reutilización se ganaba en capacidad y fiabilidad. La primera presentación pública tuvo lugar en 1985 durante la feria COMDEX en Japón. En los años que siguieron el disco compacto se convirtió en el soporte estándar para la distribución de *software*, videojuegos, enciclopedias y contenidos multimedia. Un disco para gobernarlos a todos.

Mientras el CD-ROM se posicionaba como soporte digital masivo y económico capaz de almacenar todo tipo de información, en un laboratorio europeo de experimentación física pasaban cosas. La World Wide Web nació primero en la mente de Tim Berners-Lee, un físico británico que trabajaba en el CERN de Ginebra. En medio de partículas aceleradas y sincrotrones, Berners-Lee imaginó un sistema digital de intercambio de información científica. Aunque por entonces ya existía Internet, no había una forma sencilla y unificada de acceder a los documentos o conectarlos entre sí. Internet era un caos textual en busca de su bibliotecario.

Después de varias décadas de teorías y prototipos, el sueño de crear una red digital de textos interconectados comenzaba a tomar forma. Berners-Lee propuso un sistema que permitía enlazar documentos mediante hipervínculos y navegar de un texto a otro con un solo clic. Para ello introdujo tres elementos fundamentales: un lenguaje para crear documentos (HTML), un marcador para localizarlos (URL) y un programa para verlos (el navegador o *browser*). La primera página web se subió al servidor del CERN en agosto de 1991. Ni Tim Berners-Lee era plenamente consciente de lo que estaba iniciando al clicar sobre la tecla ENTER.

Al principio solo los científicos y académicos usaban la web. Era insoportablemente lenta y difícil de navegar. La web no era diferente a otros medios. Como ya dijimos, siempre aparece primero la tecnología y solo después cada medio encuentra su propio lenguaje. Imaginemos que estamos en 1994 y queremos monetizar una publicación en línea. La primera solución fue obvia: vender pequeños rectángulos de la pantalla a los anunciantes, tal como se hacía en los diarios desde hacía un par de siglos. Había nacido el *banner*. Como en una fantasmagoría, se nos aparece otra vez el espíritu de Marshall McLuhan para susurrarnos al oído: el contenido de un medio es siempre otro medio.

La web no tardó mucho en encontrar su camino. Lo tenía todo a favor. La información se ofrecía gratis y el medio poseía una capacidad vital para integrar todo tipo de contenidos. La web generó un movimiento tecnocultural que, con epicentro en Silicon Valley, barrió el planeta como la ola de un tsunami. Apenas mejoraron las infraestructuras se pudo escuchar música, ver películas o incluso jugar a videojuegos sin interrupciones. Y en ese contexto, ¿a quién le podía interesar un CD-ROM?

## El arcángel Gabriel

«El rock interactivo desafía los viejos roles del artista y el público. Ya no es necesario ofrecer una forma lineal, con un principio, un final y un recorrido singular. En cambio, se crea un entorno, una especie de bosque, donde la gente tiene la opción de seguir tu camino o planificar su propia ruta: pueden ver el mundo que proporcionaste como un kit de *collage*. Todas las barreras que separaban la educación del entretenimiento y la comunicación se están derribando», decía Peter Gabriel a un entregado periodista de la revista *Time* en 1994.

¿Había espacio para un producto híbrido, una convergencia entre la experiencia del videojuego y la escucha musical? Según Gabriel, «habrá momentos en los que simplemente querrás escuchar música como en una operación sensorial, y habrá otros en los que querrás sentarte, ensuciarte las manos y experimentar con ella». Retomando la vieja idea del hipertexto, Gabriel proponía llevar ese concepto a una experiencia inmersiva donde la música, más que cortina de fondo como en el cine o la televisión, era un objeto desarmable, recomponible y navegable. «Creo firmemente que la tecnología debe atravesar dos etapas. La primera puede deshumanizar, pero la segunda puede sobrehumanizar. Así, en lugar de contenernos, aislarnos y alienarnos, la tecnología también puede expandirnos, desafiarnos y abrirnos. Y eso nos empodera.» Estamos en 1994, en plena revolución cibercultural, cuando el futuro digital se presentaba como un paraíso de libertad, creación e interacciones infinitas. La World Wide Web, por más que a nivel tecnológico se ubicara en las antípodas del disco compacto, también compartía el mismo espíritu emancipador que hoy brilla por su ausencia. ¿En qué momento se jodió el mundo digital?

## *Start Me Up*

Las expectativas en el disco compacto digital eran altas. David Bowie, Prince y Laurie Anderson siguieron los pasos de Gabriel y crearon sus propias obras interactivas. Brian Fargo, presidente de la empresa que distribuía *XPLORA1*, derrochaba optimismo: «Puede que estemos un poco adelantados, pero creo que este será un segmento de mercado completamente nuevo, inexistente hasta hoy. Ya no se trata de si este formato despegará, sino de cuándo. Diría que dentro de un año, más o menos, será un mundo de discos compactos». Menos de un año después, el 24 de agosto de 1995, Microsoft lanzaba a escala mundial Windows 95, el sistema operativo con navegador integrado. Al ritmo de *Start Me Up* de los Rolling Stones la web entraba por la ventana de Bill Gates en millones de hogares.

*Hasta la vista*, CD-ROM.

# Aceleración

La evolución tecnológica es tan vertiginosa que ya tenemos fósiles digitales lanzados al mercado en el siglo XXI. El consumismo hipercapitalista y la obsolescencia programada están sembrando el planeta de residuos electrónicos. En el desierto de Nuevo México yacen miles de videojuegos Atari enterrados en 1983 que valen un dineral. Es muy probable que la pantalla desde la que enviamos el primer e-mail o jugamos al *Doom* esté oxidándose en un vertedero africano o asiático. Un puñado de fósiles tuvo mejor suerte. Hoy se exhiben en las vitrinas de los museos.

Como los trilobites o las herramientas del *Homo habilis*, los fósiles mediáticos quedarán inscritos en la historia geológica del planeta. Quizás nuestros descendientes, interesados por la vida del sapiens durante el Antropoceno, los estudien con el mismo asombro con que nosotros intentamos desentrañar el misterio del 'hashtag' neandertal. Nuestras improntas tecnológicas perdurarán millones de años. Como escribe David Farrier en *Huellas*, «nos estamos convirtiendo en espectros que se manifestarán en el futuro más profundo».

El primer iPod se exhibe en el Museo de Arte Moderno (MoMA) de Nueva York. El objeto que inauguró el nuevo milenio ya es, dos décadas después, una venerada pieza de colección. Pero el gran medio del siglo XXI no fue ese reproductor musical sino su sucesor, el *smartphone*, la máxima expresión de la convergencia mediática que sintetizó múltiples líneas evolutivas en la palma de la mano. Si el fax tardó un siglo en fusionar telégrafo y fotografía, el iPhone consiguió integrar decenas de medios y sistemas en pocos meses. Las corporaciones detrás de las inteligencias artificiales lo saben bien. Apuntan a los móviles y a las redes sociales. Quizás sea ahí, en ese dispositivo ubicuo que nos conecta a las redes, donde se consumará la convergencia definitiva entre los sapiens y la inteligencia artificial.

## 25

# iPod

Resulta imposible datar de manera más o menos precisa el 'hashtag' neandertal. Algo parecido sucede con las piezas que ya tienen varios siglos o se hunden en las fosas temporales del pasado. Con el iPod, el último fósil de nuestro viaje, no existe ese problema. Todos saben lo que pasó el 23 de octubre de 2001. Se diría que Steve Jobs nació para presentar nuevos productos. En esa ocasión desafió una vez más a un público rendido a sus pies.

> Pista: no es un Mac.
>
> Amamos la música. Siempre es bueno hacer algo que te apasiona.
>
> La música forma parte de la vida de todos. La música ha existido desde siempre. Siempre existirá. Este no es un mercado especulativo. Y como forma parte de la vida de todos, es un mercado objetivo muy amplio. En todo el mundo. No conoce fronteras. Pero, curiosamente, en esta nueva revolución de la música digital, no hay un líder del mercado [...] Hasta ahora ninguna empresa ha encontrado la receta para la música digital.
>
> (Hola, Sony, te estoy hablando a ti.)
>
> El producto se llama iPod.
>
> iMac, iBook, iPod.

> ¿Qué es el iPod? Un reproductor musical MP3. Música con calidad de CD. Y reproduce todos los formatos abiertos populares de la música digital. Pero la cosa más importante del iPod es que contiene mil canciones. Esto es un salto cuántico.

(Mil canciones en tu bolsillo dentro de un dispositivo del tamaño de una baraja de cartas. ¿Escuchas lo que te estoy diciendo? Tu Sony Discman nunca bajó de los 193 gramos.)

> El iPod es diminuto. Pesa solo 170 gramos, más ligero que la mayoría de los teléfonos móviles que llevas en el bolsillo.

(Hola, Nokia y BlackBerry. Vamos a por ustedes.)

## Jobs

Todos admiramos a Steve Jobs, aunque la mayoría de nosotros no hubiera durado más de una semana trabajando para un tipo tan obsesivo y perfeccionista. Esa es la impresión que nos queda después de leer *The Perfect Thing* de Steven Levy, el libro que cuenta con lujuria de detalles cómo fue creado el dispositivo que sedujo a las masas y remodeló la escucha musical a comienzos del nuevo siglo. En vez de encontrar un monolito enterrado en la Luna, en 2001 la humanidad descubrió el terror que venía del cielo y una nueva forma de aislarse en su burbuja sonora. En enero se presentó Apple iTunes y en octubre Steve Jobs sacó de su bolsillo la criatura que relanzaría la empresa después de una década de caminar por un desierto sin brújulas ni mapas. El profeta había vuelto.

El walkman revolucionó el consumo musical al fusionar la movilidad con el gusto personal. El iPod llevaría esa lógica a la escala infinita de la era digital. Ahí donde el disco de vinilo o el casete privilegiaban el consumo secuencial de canciones, con la función *shuffle* el iPod hizo algo más que agregar una opción aleatoria de acceso a la música. El modo *shuffle*, que puede ser traducido como «barajar» o «mezclar», permitió a los usuarios experimentar su biblioteca musical de una manera impredecible. Esta función simbolizaba una ruptura con las dinámicas tradicionales de consumo. El modo *shuffle* sintonizaba con una visión del mundo mucho más libre y abierta a la improvisación que ya se venía experimentando en la web. Steven Levy lo sintetiza en pocas palabras: «*Google shuffles the Web, and iPod shuffles the music*».

El iPod se convirtió en algo más que un reproductor de música. No tardó en transformarse en un símbolo de estatus, estilo e individualidad. Con sus auriculares blancos, pasó a ser un artículo de distinción que aseguraba la pertenencia a la élite digital. El término «generación iPod» no tardó en llegar. Más que un reproductor, el iPod era un estilo de vida que se veía reforzado por una comunicación corporativa colorida y vectorial, muy en sintonía con las animaciones que comenzaban a inundar las páginas web.

La función *shuffle* fue objeto de acalorados debates dentro y fuera de Apple, despertó pasiones y encontrados sentimientos de amor, odio y confusión. Si al principio generó fascinación, muchos usuarios no tardaron en dudar sobre si realmente era tan *random* como parecía. Aunque en teoría era aleatoria, muchos usuarios percibían curiosos patrones durante la reproducción musical. A veces algunas canciones aparecían con más frecuencia que otras. Esto llevó a pensar que el iPod tenía sus propias preferencias musicales. Incluso Steven Levy sospechó que «había canciones, e incluso artistas, que mi iPod parecía despreciar». ¿Había un patrón oculto en el algoritmo del reproductor? Steve Jobs, lejos de ver esto como un problema, lo consideraba un rasgo distintivo de su dispositivo. La aleatoriedad sospechosa del modo *shuffle* era parte de la magia del iPod.

A Jobs siempre le seducía redoblar las apuestas. Un día sugirió que Apple creara un iPod basado únicamente en la reproducción *random* de canciones. Jobs lo cuenta así: «Un día llegué y dije, "Oye, tengo una idea loca. ¿Y si este [nuevo] iPod [de bajo costo] estuviera basado realmente en la función *shuffle*? ¿Y si solo fuera así?". Estuvieron a punto de echarme de la habitación. Y después de un rato, me dijeron: "Esa es una muy buena idea..."». Sí, parece la misma escena de Akio Morita intentando vender el walkman a su equipo en Japón un cuarto de siglo antes. No descartemos que Jobs se la haya apropiado. Una de sus frases preferidas se la había birlado a Picasso: «Los buenos artistas copian, los grandes artistas roban». Así fue como nació el iPod Shuffle, un dispositivo del tamaño de un paquete de chicles y comercializado con el demoledor eslogan *Life is random*.

## El retorno de la canción

El iPod no solo revolvió la industria musical. También la piratería promovida por plataformas como Napster sufrió el embate. A lo largo de todo el siglo XX la música se había distribuido en soportes físicos, pero el iPod, acoplado a la tienda en línea iTunes, revolucionó la forma en que se compraban y reproducían las canciones. Las discográficas, para variar, al principio se resistieron. El carisma de Steve Jobs y su proverbial capacidad para distorsionar el campo de realidad de sus interlocutores logró lo imposible. En poco tiempo, las descargas digitales superaron a las ventas físicas y las casas de discos casi desaparecieron del mapa, como anticipando lo que pasaría en breve con los videoclubes.

El iPod permitió a los consumidores comprar canciones individuales en lugar de álbumes completos. Muchos artistas volvieron a grabar canciones autónomas en desmedro del álbum conceptual, un formato vinculado al disco de larga duración impulsado por grupos como The Beatles (*Sgt. Pepper's Lonely Hearts Club Band*), Genesis (*The lamb lies down on Broadway*) o Pink Floyd (*The Wall*). La tienda iTunes permitió a los usuarios comprar canciones a 99 céntimos de dólar en lugar de álbumes completos. Contra todas las previsiones, Apple consiguió que los consumidores volvieran a pagar para escuchar música.

## *Think Different*

La creación del iPod fue un triunfo de la cultura de innovación de Apple. Bajo el mando de Jobs, Apple siempre había apostado por la simplicidad y la experiencia de usuario. El iPod es quizás el producto que mejor encarnó esos valores, abriendo el camino a otros dos *killer devices*: el iPhone y el iPad.

En *The Perfect Thing*, Steven Levy cuenta el detrás de escena del desarrollo del iPod. En aquel momento existían muchos reproductores de MP3, pero ninguno era tan simple y atractivo como el iPod. Para triunfar en un mercado superpoblado de reproductores, Apple tenía que ofrecer algo que conectara a nivel emocional con los consumidores. El eslogan clásico de Apple *Think Different* era también un *Feel Different*.

El proceso de desarrollo del iPod fue intenso y rápido. Un «proyecto relámpago», lo define Steven Levy. Jobs armó un equipo de ingenieros y diseñadores de primera línea, algunos externos de la compañía como Tony Fadell, un consultor independiente con experiencia en dispositivos portátiles. Fadell ayudó a resolver problemas clave relacionados con el almacenamiento, la interfaz de usuario y la duración de la batería. Estos aspectos eran críticos. Una de las principales quejas de los primeros usuarios de los reproductores MP3 era su escasa capacidad para almacenar música y la complejidad de sus interfaces. Apple sabía algo del tema.

Los encuentros de los viernes entre Jobs y el equipo encargado del diseño eran cruciales para que el CEO de Apple pudiera evaluar el progreso del dispositivo y proporcionar retroalimentación directa. Cada semana el equipo entregaba a Jobs la versión más reciente del *software* y el *hardware* del iPod. ¿Por qué los viernes? Para que Jobs pudiera llevarse el dispositivo a su casa y probarlo el fin de semana. El lunes el equipo se desayunaba con una lluvia ácida de comentarios y exigencias que los obligaba a mejorar el diseño. Nunca los lunes habían sido el día más aborrecido de la semana laboral. Los ingenieros recuerdan que «Steve se horrorizaba cuando no podía llegar a la canción que quería en menos de tres clics». Tampoco olvidan que cada lunes les exigía nuevas funciones sin complicar la interacción con el dispositivo. Jobs estaba en todo, desde la calidad del material de la carcasa y el diseño de la rueda de control hasta la tipografía de la pantalla. Para Jobs no existían los detalles menores o secundarios. «Mi trabajo no es caer bien a la gente. Mi trabajo es hacerles mejores.»

### iTunes

Otra decisión estratégica fue la puesta en marcha de iTunes, el *software* que permitía la sincronización de la música entre el Mac y el iPod. Esta integración perfecta entre el *hardware* y el *software* fue una de las claves de su éxito. Con la creación de la tienda iTunes, Apple facilitó la compra de música digital de forma legal. Un acto arriesgado en un momento en que la piratería digital era una práctica cotidiana. El iPod también impulsó el *podcasting*, lo que permitía a cualquier usuario crear contenido y distribuirlo a escala global. No está de más recordarlo: el iPod era algo más que un reproductor musical. El juguete preferido de Jobs preparó el terreno para futuros desarrollos en el *streaming* y el contenido a la carta. Y todo en 170 gramos.

El iPod marcó un punto de inflexión para Apple. Antes, la empresa era una compañía de computadoras personales con una cuota de mercado más que limitada. El iPod la convirtió en un gigante de la electrónica de consumo. En pocos años, el iPod se transformó en el producto más importante de Apple, superando incluso al icónico Macintosh en términos de ventas e impacto cultural. El iPod colocó a la empresa en el trono de la marca más valiosa y reconocida del capitalismo global del siglo XXI.

## Nacer viejo

*The Perfect Thing* fue publicado en octubre de 2006. Como Benjamin Button, el libro nació viejo. Nunca un título fue publicado tan a destiempo. Tres meses después de su llegada a las librerías, Jobs anunciaba en la conferencia MacWorld de San Francisco la llegada del iPhone, un dispositivo total que fagocitó al iPod y decretó su extinción. Ese mismo día el iPod ganó su derecho a entrar en el MoMA y formar parte de un libro dedicado a los fósiles mediáticos.

## Conclusiones

# Dejar una marca y compartirla

Este es un libro injusto. Son demasiados los fósiles mediáticos que quedaron fuera. Podría haber escrito un libro sobre fósiles impresos, otro dedicado al continente americano o un volumen solo con piezas del siglo XIX. También podría haber recopilado un libro sobre los fósiles robados, como la inscripción en alabastro del templo de Awam (Yemen, siglo III), desaparecida hace casi veinte años después de ser expuesta en una casa de subastas en Francia. Y todo esto sin hablar de los incunables perdidos. De las 35.000 ediciones impresas en la segunda mitad del siglo XV, se perdió el rastro de unas 7.000. El espíritu de todos esos libros posibles que no creo que escriba está presente en este volumen a punto de cerrarse.

### Fósiles desconocidos

Hay miles de fósiles mediáticos cuya existencia desconocemos y que nos serían de gran ayuda para completar muchos huecos de nuestro relato. Estamos condenados a esos vacíos en nuestros mapas históricos. Esa es quizás la primera ley de la paleomediología. Debemos resignarnos. En nuestra *Wunderkammer* siempre faltará alguno de los fósiles que ha producido el *Homo sapiens* a lo largo de su evolución. Como ya dijimos, muchos textos inscriptos en la roca y destinados a la eternidad fueron destruidos con el paso de las guerras o el flagelo de los siglos. Otros soportes como el papiro, pensados para un efímero uso cotidiano y administrativo, sobrevivieron hasta nuestros días. Pero también debemos recordar que los medios nunca desaparecen del todo. Lo mismos sucede con los cromosomas humanos. Siempre algo de su ADN pasa a la siguiente generación. Tanto los genes de un neandertal que vivió hace cuatrocientos siglos como su voluntad de dejar un signo en la roca siguen presentes en los sapiens del siglo XXI.

## ¿Extinción?

Mientras escribía este libro se inauguró en Tokio el Extinct Media Museum. El museo materializa el viejo proyecto del escritor de ciencia ficción Bruce Sterling, el Dead Media Project (www.deadmedia.org), un repositorio digital de fósiles mediáticos. El concepto de extinción es muy seductor. Los individuos mueren, pero la vida se *extingue*. ¿Y los medios? Ninguno de los fósiles que vimos en las páginas precedentes desapareció para siempre. Todos han dejado alguna huella en las formas contemporáneas de comunicación. El iPod sigue vivo dentro del iPhone, de la misma manera que el 'hashtag' neandertal sigue siendo utilizado en millones de posteos en las redes sociales. La cámara oscura sobrevivió en la Kodak Brownie y el gesto de pasar página, nacido hace dos mil años en los primeros códices manuscritos, está presente en el Kindle. Resulta muy difícil dar por extinguido un medio. Siempre podemos encontrar alguno de sus componentes en un medio del futuro. Recordemos por última vez a Marshall McLuhan: el contenido de un medio es siempre otro medio.

## (Dis)continuidades

Otra tensión que atraviesa la evolución mediática es aquella que opone las lecturas disruptivas a las interpretaciones continuistas. La imprenta es un caso clásico. Los historiadores han debatido intensamente la influencia (prefiero esta palabra a «impacto») de la imprenta. Ahí donde Marshall McLuhan consideraba que la invención de Gutenberg provocó una transformación radical en la cognición, la comunicación y las instituciones, otros autores enfatizaron el cambio gradual, la coexistencia con las prácticas manuscritas y la diversidad en la adopción tecnológica. Las mismas lecturas antagónicas se repitieron con la llegada de la web o, ahora mismo, con el advenimiento de las inteligencias artificiales. A los sapiens nos encanta polarizar.

En este libro prefiero ampliar la vibrante mirada mcluhaniana con las contribuciones de autores como Elizabeth Eisenstein, Roger Chartier, David Jay Bolter, Richard Grusin o Gabriele Balbi. Fiel al principio de que no podemos entender un medio aislado de los demás, mi apuesta es la intermedialidad. Debemos reconstruir la trama de relaciones que establecen las diferentes tecnologías de la comunicación entre sí. De la misma manera que no podemos entender la evolución de las aves si no la vinculamos a los reptiles, no se comprende la historia del cine si no la vinculamos a los desarrollos en el campo de la fotografía, la televisión o los videojuegos. Y para darle un sentido a las fantasmagorías, debemos invocar las linternas mágicas, el teatro y las narrativas populares de terror. Los medios se piensan entre sí.

## Apocalípticos e integrados

Otra polarización que nos persigue: apocalípticos versus integrados. Umberto Eco la clavó hace medio siglo cuando describió ambas posiciones. Por un lado, los que consideran la llegada de una nueva tecnología de comunicación como el fin de la humanidad. Más allá, los que asumen alegremente que todo lo nuevo solucionará los viejos problemas de la humanidad. Para los apocalípticos, todo medio pasado fue mejor. Para los integrados, todo medio nuevo es superior. Unos son víctimas de su ceguera. Los otros, de los cantos de sirena del marketing. Los sapiens oscilamos entre ambas posiciones. Hace veinte años ensalzábamos las redes sociales por su capacidad de comunicación y participación. Hoy las acusamos ingenuamente de todos los problemas que acosan a nuestra especie. En unos años, ¿recordaremos con ternura las horas pasadas consumiendo vídeos en TikTok o las broncas en Twitter/X? Los terrores mediáticos de hoy serán las nostalgias del futuro. Quizás algún día abandonaremos el maniqueísmo de la razón dualista. Tal vez en ese momento dejaremos de ser sapiens para convertirnos en otra especie.

## Futuro

¿Podremos leer un PDF dentro de cien años? ¿Se muere la World Wide Web? ¿Sobrevivirán las redes sociales a su propia decadencia? Desde el mismo momento en que emerge un medio viene acompañado por un certificado de defunción. Nos encanta matar tecnologías. Pero el futuro es una incógnita. Si algo aprendemos revisitando la larga evolución del ecosistema mediático es su capacidad para crear nuevas experiencias que nadie había anticipado. En medio siglo la máquina de Gutenberg transformó la cultura en Europa, de la misma manera que el iPod reconfiguró en pocos meses el mercado musical. Más que borrar por completo a sus predecesores, cada *new media* los ha absorbido y resignificado, generando complejos ecosistemas tecnosimbólicos donde lo viejo y lo nuevo se hibridan o conviven en tensión.

La mano que hace 40.000 años grabó en Gibraltar un 'hashtag' en la roca ahora lo digita con un rápido gesto sobre la pantalla táctil y lo envía al resto del mundo. El sujeto que empuña esa herramienta digital forma parte de una especie globalizada que vive interconectada a través de flujos de información invisibles que surcan la atmósfera o circulan por robustos cables submarinos. En ese tránsito milenario, las tecnologías de la comunicación han mutado de los pigmentos minerales a los impulsos electrónicos, de los trazos en la piedra a las pantallas interactivas. El cambio mediático se acelera. Ahí donde Netflix tardó casi cuatro años en alcanzar un millón de usuarios, el ChatGPT lo consiguió en cinco días. Nos cuesta comprender estos procesos. Los sapiens debemos aprender a lidiar con fenómenos cada vez más complejos y exponenciales. Estamos en ello.

Mientras, los sapiens seguimos coevolucionando con los medios que hemos creado. En buena parte somos la misma especie que pintó bisontes, imprimió Biblias y habló con los muertos en las fantasmagorías. Han cambiado la escala, la velocidad y la densidad de las redes de comunicación, pero la pulsión ancestral de dejar una marca y compartirla sigue intacta. *Homo mediaticus.*

# Agradecimientos

Detrás de cada libro se esconden cientos de otros textos entretejidos en sus páginas. Artículos científicos, libros de historia y tesis doctorales sobre historia y arqueología de los medios e infinidad de diálogos con colegas son la base de *Homo mediaticus*. Conversaciones con Gabriele Balbi y su *dream team* en Toronto, Denver o Ginebra; interminables sobremesas con José Luis Fernández en Buenos Aires o Lima, o los agitados intercambios que mantenemos con Alejandro Piscitelli en Guadalajara, Madrid o Tigre desde hace más de treinta años son solo algunas de las puntas de esta madeja. Encuentros no menos energizantes con Francisco Albarello, Julito Alonso, Diana Álvarez Macías, Paolo Bertetti, Tomás Borovinsky, Mario Carlón, Roger Chartier, Damián Fraticelli, Raúl Fuentes, Rosa Margarita Galán Vélez, Alejandro Galliano, Leonarda García Jiménez, Lisa Gitelman, Juan Manuel González Fernández, Paolo Granata, Mar Guerrero, Federico Guzmán Rubio, Juan Insúa, Beatriz Inzunza Acedo, Fernando Irigaray, Massimo Leone, Álvaro Liuzzi, Robert K. Logan, Patricia Nigro, Xavier Nueno, Gabriela Pedranti, Martina Piña, Maricela Portillo, Rossana Reguillo, Jerónimo Repoll, Mon Rodríguez, Gabriella Taddeo, Simona Tirocchi, Ximena Tobi, José Tomasena y Raúl Trejo Delarbre también aportaron lo suyo en diferentes momentos y lugares. Quizás ella no lo recuerde, pero el concepto de «fósil mediático» lo dejó caer Sandra Valdettaro en una mítica mesa redonda con Eliseo Verón en las orillas del Paraná. Rosario siempre estuvo cerca.

No puedo dejar de agradecer a infinidad de colegas y estudiantes con los cuales he intercambiado ideas sobre la evolución mediática en los últimos veinte años. Al final de cada clase o conferencia, en Melbourne, Guayaquil, Siena, Turín, Bogotá o Monterrey, siempre alguien acerca preguntas o comentarios que obligan a recalcular y seguir investigando. Las redes tejidas alrededor de TVMorfosis por Gabriel Torres desde Guadalajara y la Cátedra Abierta de Comunicación Digital Interactiva para la Educación por Ricardo Osorno Fallas desde Costa Rica son parte fundamental de esta trama conversacional, al igual que mis colegas del grupo MEDIUM y del Departamento de Comunicación de la Universitat Pompeu Fabra.

Un libro de estas características sería impensable sin las lecturas, comentarios, críticas y recomendaciones de un grupo muy cercano de profesionales que asumieron la tarea con entusiasmo. Si Natalia Carden me orientó entre los petroglifos y las pinturas rupestres patagónicas, Manny Medrano desde la Universidad de Harvard me ayudó a desenredar la madeja de los quipus. Mi vecino de despacho en la UPF, Alan Salvadó-Romero, repasó varios capítulos con piezas del siglo XIX, quizás el estrato evolutivo donde se encuentran más fósiles mediáticos. Las implacables lecturas de Antonio Galimany, Jorge *el Turco* Salum y de la incansable Julieta Lionetti me ayudaron a pulir sus páginas.

Para terminar una lista condenada a ser incompleta, un agradecimiento especial a mi editora, Caterina da Lisca. Caterina editó en el pasado algunos de mis libros más teóricos y ahora se entretiene evitando que me pierda en circunloquios científicos. También el formidable equipo de Ariel-Planeta tiene mucho que ver con este objeto que el lector tiene entre sus manos. Recuperar tantas imágenes de viejos fósiles mediáticos no es tarea fácil. Finalmente, un agradecimiento a mi familia humana y felina, que sobrelleva con envidiable serenidad esta vida poco fosilizada de viajes, clases, lecturas y escrituras.

# Referencias

Esta lista de obras solo incluye las referencias básicas detrás de cada capítulo de *Homo mediaticus.*

## Introducción

Lévi-Strauss, C. (1968), *Mitológicas (I). Lo crudo y lo cocido*, FCE, Ciudad de México.

## Textos de conexión entre capítulos

Alessio, F. (1990), «Conservazione e modelli del sapere nel Medioevo», en P. Rossi (ed.), *La memoria del sapere*, pp. 99-134, Laterza, Roma-Bari.

Balbi, Gabriele y P. Magaudda (2018), *A History of Digital Media: An Intermedia and Global Perspective*, Routledge, Nueva York.

Basalla, G. (2011), *La evolución de la tecnología*, Crítica, Barcelona.

Borges, J. L. (1989), «La biblioteca de Babel», en *Ficciones*, Alianza, Madrid.

Briggs, A. y P. Burke (2002), *De Gutenberg a Internet. Una historia social de los medios de comunicación*, Taurus, Madrid.

Castells, M. (2009), *Comunicación y poder*, Alianza, Madrid.

Crossley, P. (2008), *What is Global History?*, Polity, Cambridge.

Diamond, J. (2018), *Armas, gérmenes y acero*, Debate, Barcelona.

Eldredge, N. y S. J. Gould (1972), «Punctuated equilibria: an alternative to phyletic gradualism», en T. J. M. Schopf (ed.),

*Models in Paleobiology*, pp. 82-115, Freeman Cooper, San Francisco.

Emerson, R. W. (1983), *Ralph Waldo Emerson Essays and Lectures*, The Library of America, Nueva York.

Farrier, D. (2021), *Huellas. En busca del mundo que dejaremos atrás*, Crítica, Barcelona.

Fontcuberta, J. (2020), *La furia de las imágenes. Notas sobre la postfotografía*, Galaxia Gutenberg, Barcelona.

Fuentes, A. (2019), *Why We Believe. Evolution and the Human Way of Being*, Yale University Press, New Haven (CT).

Graeber, D. y D. Wengrow (2022), *El amanecer de todo. Una nueva historia de la humanidad*, Ariel, Barcelona.

Graf, K. E., Vetron, C. V. y M. R. Waters (eds.) (2013), *Paleoamerican Odyssey*, Center for the Study of the First Americans, Santa Fe (NM).

Harari, Y. N. (2015), *Sapiens: De animales a dioses*, Debate, Barcelona.

Hjarvard, S. (2013), *The Mediatization of Culture and Society*, Routledge, Londres.

Le Goff, J. (2016), *¿Realmente es necesario cortar la historia en rebanadas?*, FCE, Ciudad de México.

Marx, K. y F. Engels (2011), *Manifiesto comunista*, Alianza, Madrid.

McLuhan, M. (1993), *La galaxia Gutenberg: Génesis del «Homo typographicus»*, Galaxia Gutenberg / Círculo de Lectores, Barcelona.

— (1996), *Comprender los medios de comunicación. Las extensiones del ser humano*, Paidós, Barcelona.

Olstein, D. (2019), *Pensar la historia globalmente*, FCE, Ciudad de México.

Picq, P. (2021), *Sapiens frente a sapiens. La espléndida y trágica historia de la humanidad*, FCE, Santiago de Chile.

Ramose, M. B. (2003), «The struggle for reason», en P. H. Coetzee y A. P. J. Roux (eds.), *Philosophy from Africa*, pp. 1-8, Oxford University Press South Africa, Londres.

Scolari, C. A. (2024), *Sobre la evolución de los medios*, Ampersand, Buenos Aires.

Standage, T. (1998), *The Victorian Internet: The Remarkable Story of the Telegraph and the Nineteenth Century's On-Line Pioneers*, Walker & Co., Nueva York.

Stout, D. (2016), «Tales of a Stone Age Neuroscientist», *Scientific American*, abril, pp. 28-35.

## 1. 'Hashtag' neandertal

Callaway, E. (2014), «Neanderthals made some of Europe's oldest art», *Nature*, <https://www.nature.com/articles/nature.2014.15805>.

Davidson, I. (2014), «Is that rock hashtag really the first evidence of Neanderthal art?», *The Conversation*, <https://theconversation.com/is-that-rock-hashtag-really-the-first-evidence-of-neanderthal-art-31238>.

Finlayson, C. (2020), *El Neandertal inteligente. Arte rupestre, captura de aves y revolución cognitiva*, Editorial Almuzara, Córdoba.

— (2023), *El sueño del neandertal*, Crítica, Barcelona.

Rodríguez-Vidal, J. et al. (2014), «A rock engraving made by Neanderthals in Gibraltar», *Proc. Natl. Acad. Sci. U. S. A.*, 111(37), pp. 13301-13306.

## 2. Los Toldos / Piedra Museo / Cueva de las Manos

Carden, N. (2009), *Imágenes a través del tiempo. Arte rupestre y construcción social del paisaje en la Meseta Central de Santa Cruz*, Sociedad Argentina de Antropología, Buenos Aires.

— (2022), «Back to a Time Perspective: New Insights for the Study of Piedra Museo's Ancient Rock Art, Patagonia, Argentina», en L. Miotti, M. Salemme y D. Hermo (eds.), Archaeology of Piedra Museo Locality. An Open Window to the Early Population of Patagonia, pp. 399-420, Springer, Cham (Suiza).

Carden, N., Miotti, L. y R. Blanco (2018), «Datos sobre las pinturas rupestres de Los Toldos (Santa Cruz, Argentina): Bases para un enfoque comparativo en Patagonia Meridional», Latin American Antiquity, 29(2), pp. 293-310.

Gombrich, E. H. (2014), *Breve historia del mundo*, Booket, Barcelona.

Graf, K., Ketron, C. y M. Waters (eds.) (2014), *Paleoamerican Odyssey*, Texas A&M University Press, College Station.

Leroi-Gourhan, A. (1971), *El gesto y la palabra*, Universidad Central de Venezuela, Caracas.

Miotti, L. y M. Salemme (2004), «Poblamiento, movilidad y territorios entre las sociedades cazadoras-recolectoras de Patagonia», *Complutum*, 15, pp. 177-206.

Williams, R. (1992), *Historia de la comunicación. Vol. I. Del lenguaje a la escritura*, Bosch, Barcelona.

## 3. Vaso de Caylus

Booth, A. J. (1902), *The Discovery and Decipherment of the Trilingual Cuneiform Inscriptions*, Longman Green and Co., Londres.

Ceram, C. W. (2001), *Dioses, tumbas y sabios*, Destino, Barcelona.

Martin, H.-J. (2016), *Historia y poderes de lo escrito*, Ediciones Trea, Gijón.

Ong, W. (1987), *Oralidad y escritura. Tecnologías de la palabra*, Fondo de Cultura Económica, Ciudad de México.

Simone, R. (2006), *La Terza Fase. Forme di sapere che stiamo perdendo*, Laterza, Roma-Bari.

## 4. Quipu

Cadavid Hinojosa, P. (2022), *Knotting the memory / Encoding the Khipu*. Tesis de Maestría, Institut für Medien, Kunstuniversität Linz, Linz.

De la Vega, G. (1985), *Comentarios Reales*, Vol. II, Biblioteca Ayacucho, Caracas.

Google Arts & Culture (s/d), «Guardianes de los Khipus», <https://artsandculture.google.com/project/khipus>.

Hyland, S. (2017), «Writing with Twisted Cords. The Inscriptive Capacity of Andean Khipus», *Current Anthropology*, 58(3), pp. 412-419.

Medrano, M. (2021), *Quipus. Mil años de historia anudada en los Andes y su futuro digital*, Planeta, Lima.

Paredes Laos, J. (2025), «Nudos digitales: ¿se puede descifrar un quipu?», *El Comercio*, 3 de septiembre.

Radicati di Primeglio, C. (2006), *Estudios sobre los quipus*, Universidad Nacional Mayor de San Marcos, Lima.
Ramiro Beltrán, L., Herrera, K., Pinto, E. y E. Torrico (2016), *La comunicación antes de Colón. Tipos y formas en Mesoamérica y los Andes*, Centro Interdisciplinario Boliviano de Estudios de la Comunicación, La Paz.
Salomon, F. (2004), *The Cord Keepers. Khipus and Cultural Life in a Peruvian Village*, Duke University Press, Durham/Londres.

## 5. Papiro de Ani

British Museum (1894), *The Book of the Dead; facsimile of the papyrus of Ani in the British Museum*, Longmans & Co. y British Museum, Londres.
Curto, S. (1974), *L'Egitto Antico. Storia e archeologia*, Giappichelli Editore, Turín.
Ong, W. (1987), *Oralidad y escritura. Tecnologías de la palabra*, Fondo de Cultura Económica, Ciudad de México.
Scolari, C. A. (2022), *La guerra de las plataformas. Del papiro al metaverso*, Anagrama, Barcelona.
Wallis Budge, E. A. (1898), *The Egyptian Book of the Dead: The Book of Going Forth by Day*, Kegan, Paul, Trench, Trübner & Co., Londres.
— (1920), *By Nile and Tigris: a narrative of Journeys in Egypt and Mesopotamia on behalf of the British Museum between the years 1886 and 1913*, vols. 1 y 2, John Murray, Londres.

## 6. *Pārameśvaratantra*

Bhoi, P. (2010), «Scribe as Metaphor: Patterns of Processing and Writing Palm leaf Manuscripts», *Indian Anthropologist*, 40(1), pp. 71-92.
Bright, P. y W. Bright (1996), *The World's Writing Systems*, Oxford University Press, Nueva York.
Rath, S. (ed.) (2012), *Aspects of Manuscript Culture in South India*, Brill, Leiden.
Salomon, R. (1998), *Indian Epigraphy. A guide to the study of inscrip-*

*tions in Sanskrit, Prakrit, and the other Indo-Aryan languages*, Oxford University Press, Nueva York.

University of Cambridge (s/d), *Pārameśvaratantra (MS Add. 1049.1) – Ficha técnica*, <https://cudl.lib.cam.ac.uk/view/MS-ADD-01049-00001/1>.

## 7. Códice Maya

Chuchiak, J. F. (2010), «Writing as Resistance: Maya Graphic Pluralism and Indigenous Elite Strategies for Survival in Colonial Yucatan, 1550-1750», *Ethnohistory*, 57(1), pp. 87-116.

Coe, M. D. (1995), *El desciframiento de los glifos mayas*, Fondo de Cultura Económica, Ciudad de México.

Galeano, E. (2024), *La memoria del fuego 1. Los nacimientos*, Siglo XXI, Madrid.

Johnston, K. J. (2005), *Dedos rotos: La captura del escriba en la cultura Maya Clásica*, Actas del XVIII Simposio de Investigaciones Arqueológicas en Guatemala, pp. 646-654, Museo Nacional de Arqueología y Etnología, Guatemala.

Kettunen, H. (1998), «Relación de las cosas de San Petersburgo: An Interview with Dr. Yuri Valentinovich Knorozov, Parte II», <https://web.archive.org/web/20050331010229/http://www.helsinki.fi/hum/ibero/xaman/articulos/9805/9805_hk2.html>.

Sotelo Santos, L., Zalaquett Rock, F., Benavides Castillo, A. y S. Jiménez Álvarez (2015), «Antiguas y nuevas noticias sobre una figurilla-silbato de Jaina. Contextos, sonidos y formas», *Estudios de cultura maya*, 46, pp. 71-102.

## 8. *Les Très Riches Heures*

Bolli, C. M. (2016), «Limbourg brothers, Très Riches Heures du Duc de Berry», *Smarthistory*, <https://smarthistory.org/limbourg-brothers-tres-riches-heures-du-duc-de-berry/>.

Camille, M. (1990), «Très Riches Heures: An Illuminated Manuscript in the Age of Mechanical Reproduction», *Critical Inquiry*, 17(1), pp. 72-107.

Eco, U. (2001), *Prefacio a Les Très Riches Heures du Jean Duc de Berry*, La Renaissance du Livre, Tournai (Bélgica).

Hattinger, F. (1973), *The Duc de Berry's Book of Hours*, Hallwag Berne, Berna.

Richter, L. M. (1913), *Chantilly in History and Art*, John Murray, Londres.

## 9. *Jikji*

Byeong-Seon Park, M. (2007), *Historia de la imprenta coreana, desde los orígenes hasta 1910*, Servei de Publicacions - Universitat Autònoma de Barcelona, Barcelona.

Diringer, D. (1968), *The Alphabet: A Key to the History of Mankind*, Vols. I y II, Hutchinson, Londres.

Gunaratne, S. A. (2001), «Paper, Printing and the Printing Press: A Horizontally Integrative Macrohistory Analysis», *Gazette* (Leiden, Países Bajos), 63(6), pp. 459-479.

Kim-Renaud, Y.-K. (1997), *The Korean alphabet: its history and structure*, University of Hawai'i Press, Honolulu.

McLuhan, M. (1993), *La galaxia Gutenberg: Génesis del «Homo typographicus»*, Galaxia Gutenberg / Círculo de Lectores, Barcelona.

— (1996), *Comprender los medios de comunicación. Las extensiones del ser humano*, Paidós, Barcelona.

McLuhan, M. y R. K. Logan (1977), «Alphabet, Mother of Invention», *ETC: A Review of General Semantics*, 34(4), pp. 373-383.

Piscitelli, A. (2005), *Internet, la imprenta del siglo xxi*, Gedisa, Barcelona.

## 10. Tapiz de la Creación

Albers, A. (2019), *Anni Albers: Del diseño. Selección de escritos*, Alias, Ciudad de México.

Alessio, F. (1990), «Conservazione e modelli del sapere», en P. Rossi (ed.), *La memoria del sapere nel Medioevo*, pp. 99-134, Laterza, Roma-Bari.

Arad, L. (2004), «From Creation to Salvation in the Girona Embroidery», *Miscel·lània litúrgica catalana*, 12, pp. 59-88.
Castiñeiras, M. (2011), *El Tapís de la Creació*, Catedral de Girona, Girona.
Mancho, C. (ed.) (2018), *El Brodat de la Creació de la Catedral de Girona*, Edicions de la Universitat de Barcelona, Barcelona.
The Metropolitan Museum of Art (1993), *The Art of Medieval Spain*, MET, Nueva York.

## 11. Tablillas *rongo-rongo*

Diamond, J. M. (2020), *Colapso. Por qué unas sociedades perduran y otras desaparecen*, Debate, Barcelona.
Fischer, S. R. (2005), *Island at the End of the World. The Turbulent History of Easter Island*, Reaktion Books, Londres.
Métraux, A. (1939), «Mysteries of Easter Island», *People, Topics, Opinions* (octubre), pp. 33-47.
Roggeveen, J. (1908), «Extract from Jacob Roggeveen's Official Log Of His Discovery Of Easter Island, 1722», en B. Glanvill Corney (ed.), The Voyage of Captain Don Felipe González to Easter Island 1770-1, pp. 93-115, Hakluyt Society, Cambridge.

## 12. Manuscritos de Tombuctú

Fawcett, P. H. (1974), *A través de la selva amazónica. Exploración Fawcett*, Rodas, Madrid.
Hammer, J. (2016), *The Bad-Ass Librarians of Timbuktu and their Race to Save the World's-Most Precious Manuscripts*, Simon & Schuster, Nueva York.
Jackson, B. y M. Rose (diciembre 2009/mayo 2010), «Archaeology's Hoaxes, Fakes, and Strange Sites», *Archaeology*, Archaeological Institute of America, <https://archive.archaeology.org/online/features/hoaxes/>.
Levtzion, N. (1963), «The Thirteenth- and Fourteenth-Century Kings of Mali», *The Journal of African History*, 4, pp. 341-353.

RAMOSE, M. B. (2002), «The struggle for reason in Africa», en P. Coetzee y A. P. J. Roux (eds.), *Philosophy from Africa. A Text with Readings*, pp. 1-8, Oxford University Press, Londres.
WILKINS, H. (1946), *Mysteries of Ancient South America*, Rider & Co., Londres.

## 13. *ENCYCLOPÉDIE*

BLOOM, P. (2007), *Encyclopédie. El triunfo de la razón en tiempos irracionales*, Anagrama, Barcelona.
D'ALEMBERT, J. (2020), *Discurso preliminar de la Enciclopedia*, Universidad de Guadalajara, Guadalajara.
DIDEROT, D. y J. d'Alembert (eds.) (1751-1772), *Encyclopédie ou Dictionnaire raisonné des sciences, des arts et des métiers, par une Société de Gens de Lettres*, Briasson / Le Breton, París, <https://www.bnf.fr/es>.
VENTURI, F. (1963), *Le origini dell'Enciclopedia*, Einaudi, Turín.

## 14. ROMANCES SANGRIENTOS

AMADES, J. (1984), *Històries i llegendes de Barcelona* (vol. 2), Edicions 62, Barcelona.
CARO BAROJA, J. (1969), *Ensayo sobre la literatura de cordel*, Editorial Revista de Occidente, Madrid.
MARTÍN-BARBERO, J. (1987), *De los medios a las mediaciones. Comunicación, cultura, hegemonía*, Gustavo Gili, Barcelona / Ciudad de México.
SEGURA SORIANO, I. (ed.) (1983), *Romanços de sang i fetge*, Editorial Alta Fulla, Barcelona.

## 15. FANTASMAGORÍA

BENJAMIN, W. (2021), *El París de Baudelaire*, Eterna Cadencia, Buenos Aires.
CASTIGLIANO, F. (2021), «Breve storia delle fantasmagorie», *Fuori Luogo*, 10, pp. 89-98.

Frutos Esteban, F. J. (1996), *La fascinación de la mirada. Los aparatos precinematográficos y sus posibilidades expresivas*, Semana Internacional de Cine de Valladolid, Valladolid.

— (2010), *Los ecos de una lámpara maravillosa: la linterna mágica en su contexto mediático*, Ediciones Universidad de Salamanca, Salamanca.

Mannoni, L. (2000), *The Great Art of Light and Shadow. Archaeology of the Cinema*, University of Exeter Press, Exeter.

Robert, G. E. (2001), «La Fantasmagoría. Fragmentos tomados de las Memorias recreativas, científicas y anecdóticas de un físico-aeronauta (1831-1840) debidas a Étienne-Gaspard Robert, conocido como Robertson, inventor de la Fantasmagoría», *Archivos de la Filmoteca*, 39, pp. 122-142.

The Magic Lantern Society of Great Britain, <https://magiclantern.org.uk>.

## 16. Telégrafo eléctrico

Bahamonde Magro, A., Martínez Lorente, G. y L. E. Otero Carvajal (2002), *Las telecomunicaciones en España. Del telégrafo óptico a la sociedad de la información*, Ministerio de Ciencia y Tecnología de España, Salamanca.

Gómez Muntané, G., Puig Pla, C. y J. Sánchez Miñana (2020), *Les memòries pioneres sobre la telegrafia elèctrica de l'acadèmic Dr. Francesc Salvà i Campillo (1795-1804)*, Generalitat de Catalunya / Obra Social La Caixa, Barcelona.

Martín-Pereda, J. A. (2022), *Historia de las telecomunicaciones*, Guadalmazán, Córdoba.

Piscitelli, A. (2023), *Polímatas. El perfil antidisciplinario del trabajador del futuro*, Santillana, Buenos Aires.

Standage, T. (1998), *The Victorian Internet: The Remarkable Story of the Telegraph and the Nineteenth Century's On-Line Pioneers*, Walker & Co., Nueva York.

Yuste, A. (2010), «Francisco Salva's Electric Telegraph (Scanning Our Past)», *Proceedings of the IEEE*, 98(11), pp. 1974-1977.

## 17. Daguerrotipo

Becker, H. S. (1974), «Photography and Sociology», *Studies in Visual Communication*, 1(1), pp. 3-26.

Benjamin, W. (2014), «Pequeña historia de la fotografía», en J. Muñoz Millanes (ed. y trad.), *Sobre la fotografía*, Pre-Textos, Valencia.

Gernsheim, H. (1989), *Introduction*, en S. Richter, *The Art of the Daguerreotype*, Penguin/Viking, Nueva York y Londres.

Gernsheim, H. y A. Gernsheim (1968), *L.-J.-M. Daguerre. The History of the Diorama and the Daguerreotype*, Dover Publications, Nueva York.

Richter, S. (1989), *The Art of the Daguerreotype*, Penguin/Viking, Nueva York y Londres.

## 18. Postal

Cure, M. (2018), *Picturing the Postcard: A New Media Crisis at the Turn of the Century*, University of Minnesota Press, Minneapolis, MN.

De Vries, G. (2016), *The Great War through picture postcards*, Pen & Sword Military, Barnsley.

Huss, M. M. (2000), *Histoires de famille: Cartes postales et culture de guerre*, Agnès Viénot Éditions, París.

López, J. M. (2021), «La evolución de la tarjeta postal y las guerras contemporáneas: dos caminos encontrados (1869-1945)», *Fotocinema*, 23, pp. 271-297.

— (2023), *La batalla por las emociones. La tarjeta postal en las guerras mundiales*, Genueve Ediciones, Cáceres.

Pyne, L. (2021), *Postcards. The Rise and Fall of the World's First Social Media*, The University of Chicago Press, Chicago.

## 19. Estereograma

Baudelaire, C. (1996), «El público moderno y la fotografía», en *Salones y otros escritos sobre arte*, Visor, Madrid.

Bowen, R. L. (2024), *The Human Shutter. Photographs, stereoscopic depth, and moving images*, Intellect, Bristol.

CRARY, J. (2007), *Las técnicas del observador. Visión y modernidad en el siglo XIX*, CENDEAC, Murcia.
HANNAVY, J. (2008), *Encyclopedia of Nineteenth-Century Photography*, Vols. 1 y 2, Routledge, Londres.
MAY, B., Pellerin, D. y P. Fleming (2019), *Diableries: Stereoscopic Adventures in Hell*, The London Stereoscopic Company, Londres.
QUINTANA, À., Salvadó-Romero, A. y D. Pérez-Pamies (2022), «An Archeology of the Metaverse: Virtual Worlds and Optical Devices», Baltic Screen Media Review, 10(2), pp. 202-212.

## 20. Fax

COOPERSMITH, J. (2015), *Faxed. The rise and fall of the fax machine*, Johns Hopkins University Press, Baltimore, MD.
NEGROPONTE, N. (1995), *El mundo digital*, Ediciones B, Barcelona.
TANIZAKI, J. (2016), *Elogio de la sombra*, Satori, Gijón.
VERNE, J. (1995), *París en el siglo* XX, Planeta, Barcelona.

## 21. Kodak Brownie / Polaroid

ECO, U. (2009), *El vértigo de las listas*, Lumen, Barcelona.
HANNAVY, J. (2008), *Encyclopedia of Nineteenth-Century Photography*, Vols. 1 y 2, Routledge, Londres.
WARREN, L. (2008), *Encyclopedia of Twentieth-Century Photography*, Vols. 1 y 2, Routledge, Londres.
WEST, N. M. (2000), *Kodak and the Lens of Nostalgia*, The University Press of Virginia, Charlottesville / Londres.

## 22. Discos hueso

COATES, S. (2015), *X-Ray Audio: The Strange Story of Soviet Music on the Bone*, Strange Attractor, Londres.
DOLPHIN, S. (2023), «The Strange History of X-Ray Music in the Soviet Union», Retrospect Journal, <https://retrospectjournal.com/2023/11/19/the-strange-history-of-x-ray-music-in-the-soviet-union/>.

Paphides, P. (2015), «Bone music: the Soviet bootleg records pressed on X-Rays», *The Guardian*, 29 de enero.

Ryback, T. W. (1990), *Rock Around the Bloc: A History of Rock Music in Eastern Europe and The Soviet Union*, Oxford University Press, Oxford.

Taylor, J. (2019), «Roentgenizdat (USSR)», Global Informality Project, <https://www.in-formality.com/wiki/index.php?title=Roentgenizdat_(USSR)>.

The Vinil Factory, *X-Ray Audio: The Documentary*, <https://www.youtube.com/watch?v=XMCCYnDvpJQ>.

## 23. Walkman

Chambers, I. (1994), *Migrancy, Culture, Identity*, Routledge, Londres.

Morita, A. (1986), *Made in Japan: Akio Morita and Sony*, Penguin, Londres.

O-Young, L. (1982), *Smaller Is Better: Japan's Mastery of the Miniature*, Kodansha USA Inc., Nueva York.

Schafer, M. (1977), *The Tuning of the World*, Alfred A. Knopf, Nueva York.

## 24. Disco compacto

Corliss, R. (1994), «Rock Goes Interactive», *Time*, 17 de enero, <https://time.com/archive/6724588/rock-goes-interactive/>.

Gabriel, P., *Xplora1 - Unboxing and Play Through @itspetergabriel*, <https://www.youtube.com/watch?v=EbF7dh8shpY>.

Niemla, K. (2010), «Xplora1: Peter Gabriel's Secret World», *Adventure Classic Gaming*, 4 de enero, <https://www.adventureclassicgaming.com/index.php/site/reviews/483/>.

## 25. iPod

Levy, S. (2006), *The Perfect Thing. How the iPod Shuffles Commerce*, Culture and Coolness, Simon & Shuster, Nueva York.

## Conclusiones: Dejar una marca y compartirla


Bolter, J. D. y R. Grusin (1999), *Remediation: Understanding new media,* The MIT Press, Cambridge, MA.

Chartier, R. (2018), *La mano del autor y el espíritu del escritor,* Katz Editores, Buenos Aires.

Chartier, R. y C. A. Scolari (2019), *Cultura escrita y textos en red,* Gedisa, Barcelona.

Eisenstein, E. (2010), *La imprenta como agente de cambio,* FCE, Ciudad de México.

Febvre, L. y H.-J. Martin (2014), *La aparición del libro,* FCE, Madrid.

Johns, A. (1998), *The Nature of the Book: Print and Knowledge in the Making,* University of Chicago Press, Chicago.

McLuhan, M. (1993), *La galaxia Gutenberg: Génesis del «Homo typographicus»,* Galaxia Gutenberg / Círculo de Lectores, Barcelona.

Scolari, C. A. (2024), *Sobre la evolución de los medios,* Ampersand, Buenos Aires.